"一带一路"营商环境法治保障系列　　赵旭东　总主编

李建伟　朱晓娟　吴高臣　副总主编

中国企业用工法律制度

高民权 主编　　甄亚兰　林　珮 副主编

中国民主法制出版社

图书在版编目（CIP）数据

中国企业用工法律制度／高民权主编．—北京：中国民主法制出版社，2019.11

（"一带一路"营商环境法治保障系列）

ISBN 978-7-5162-2091-7

Ⅰ．①中⋯　Ⅱ．①高⋯　Ⅲ．①劳动法—研究—中国　Ⅳ．①D922.504

中国版本图书馆 CIP 数据核字（2019）第 220288 号

图书出品人：刘海涛
出版统筹：乔先彪
责任编辑：陈　曦　贾萌萌

书名／中国企业用工法律制度
ZHONGGUOQIYEYONGGONGFALÜZHIDU
作者／高民权　主　编
　　　甄亚兰　林　珮　副主编

出版·发行／中国民主法制出版社
地址／北京市丰台区右安门外玉林里 7 号（100069）
电话／（010）63055259（总编室）　63057714（发行部）
传真／（010）63056975　63056983
http：// www.npcpub.com
E-mail：mzfz@ npcpub.com
经销／新华书店
开本／16 开　787 毫米×960 毫米
印张／14.75　字数／217 千字
版本／2020 年 1 月第 1 版　2020 年 1 月第 1 次印刷
印刷／北京天宇万达印刷有限公司

书号／ISBN 978-7-5162-2091-7
定价／42.00 元
出版声明／版权所有，侵权必究

（如有缺页或倒装，本社负责退换）

总序

习近平总书记在 2013 年提出建设"丝绸之路经济带"和"21 世纪海上丝绸之路"的构想,五年多来,在各参与方的共同努力下,"一带一路"倡议从理念转化为行动,从愿景转变为现实,构建起了各自优势互补、彼此互联互通的国际合作平台。

党的十九大报告指出,要以"一带一路"建设为重点,坚持"引进来"和"走出去"并重,加强创新能力开放合作,形成陆海内外联动、东西双向互济的开放格局。同时,党的十九大通过修改的党章明确指出:遵循共商共建共享原则,推进"一带一路"建设。推进"一带一路"建设写入党章,必将为新时代共建"一带一路",共建人类命运共同体进一步指明方向,注入强劲动力。

随着我国"一带一路"建设的深入推进,营造互信互通的法治营商环境,为投资贸易合作方提供全面周到的法律支持,切实维护中外当事人的合法权益便提上了日程。因此,为了增进"一带一路"建设沿线各国的彼此沟通,积极建立成员方统一认知和公正高效的司法保障体系,切实保障"一带一路"建设成果的不断扩大,我们推出了《"一带一路"营商环境法治保障系列》图书。

本系列图书构建了"一带一路"法治保障服务体系，主要介绍了投资贸易、产业合作、公正司法、纠纷解决、劳工保护等领域的法律制度，从而以保护中外当事人合法权益，维护公平竞争、诚实守信、和谐共赢的区域合作大环境。本系列图书体例科学，通俗易懂，旨在加强中国与"一带一路"沿线国家的"政策沟通"和"法治互信"，通过向国际社会展示我国法律制度的建设成就，以此提升我国法律的国际影响力。

《"一带一路"营商环境法治保障系列》图书作为"一带一路"建设的法治保障参考适用读物，旨在为沿线各国加强法律制度的交流互鉴，旨在全面落实我国"一带一路"建设的任务要求，全面构建"一带一路"建设中的法治保障体系，以便全球共享"一带一路"的建设成果。

赵旭东[*]

2019 年 8 月

---

[*] 赵旭东，中国法学会商法学研究会会长，中国政法大学教授。

目　录

第一章　劳动法律制度概述 …………………………………………… 001
　　一、宪法 …………………………………………………………… 001
　　二、劳动法律 ……………………………………………………… 001
　　三、行政法规和地方性法规 ……………………………………… 002
　　四、部门规章 ……………………………………………………… 002

第二章　就业促进制度 …………………………………………………… 003
　第一节　就业促进制度概述 ……………………………………………… 003
　　一、建立就业工作目标制度 ……………………………………… 003
　　二、制定实施有利于就业的经济和社会政策 …………………… 003
　　三、推进公平就业 ………………………………………………… 004
　　四、加强就业服务和管理 ………………………………………… 004
　　五、大力开展职业培训 …………………………………………… 004
　　六、建立健全失业保险制度 ……………………………………… 004
　　七、开展就业和失业调查统计工作 ……………………………… 004
　　八、发挥社会各方面促进就业的作用 …………………………… 004
　第二节　就业促进的政策支持和公平就业 ……………………………… 005
　　一、就业促进的政策支持 ………………………………………… 006
　　二、公平就业 ……………………………………………………… 007
　第三节　就业服务和管理 ………………………………………………… 009
　　一、就业服务 ……………………………………………………… 009
　　二、职业中介机构 ………………………………………………… 010
　第四节　职业教育和培训 ………………………………………………… 013
　　一、设立中外合作职业办学机构的条件 ………………………… 014
　　二、中外合作协议 ………………………………………………… 015

三、中外合作办学资产 ………………………………………… 015
　　四、审核批准 …………………………………………………… 016
　　五、合理回报 …………………………………………………… 017

第三章　劳动合同 ………………………………………………… 021

第一节　劳动合同概述 …………………………………………… 021
第二节　劳动合同的订立 ………………………………………… 025
　　一、订立劳动合同的原则 ……………………………………… 025
　　二、劳动合同的形式 …………………………………………… 026
　　三、劳动合同的内容 …………………………………………… 028
　　四、在订立劳动合同的过程中应注意的其他问题 …………… 033
第三节　劳动合同的法律效力 …………………………………… 036
　　一、劳动合同的生效 …………………………………………… 037
　　二、劳动合同的无效 …………………………………………… 037
第四节　劳动合同的履行与变更 ………………………………… 041
　　一、劳动合同的履行 …………………………………………… 042
　　二、劳动合同的变更 …………………………………………… 042
第五节　劳动合同的解除与终止 ………………………………… 045
　　一、劳动合同的解除 …………………………………………… 045
　　二、劳动合同的终止 …………………………………………… 051
第六节　劳务派遣 ………………………………………………… 055
　　一、经营劳务派遣业务的条件 ………………………………… 055
　　二、劳务派遣的用工范围和用工比例 ………………………… 056
　　三、劳动合同、劳务派遣协议的订立和履行 ………………… 056
　　四、劳动合同的解除和终止 …………………………………… 058
第七节　非全日制用工 …………………………………………… 061

第四章　集体合同 ………………………………………………… 064

第一节　集体合同概述 …………………………………………… 064
第二节　集体合同的订立和效力 ………………………………… 066
　　一、集体合同的订立 …………………………………………… 066

二、集体合同的效力 …………………………………… 071
第三节　集体合同的主要内容 ………………………………… 072
　　一、劳动报酬 …………………………………………… 073
　　二、工作时间 …………………………………………… 073
　　三、休息休假 …………………………………………… 073
　　四、劳动安全与卫生 …………………………………… 073
　　五、补充保险和福利 …………………………………… 074
　　六、女职工和未成年工特殊保护 ……………………… 074
　　七、职业技能培训 ……………………………………… 074
　　八、劳动合同管理 ……………………………………… 074
　　九、奖惩 ………………………………………………… 075
　　十、裁员 ………………………………………………… 075
　　十一、其他事项 ………………………………………… 075
第四节　集体合同的履行、变更、解除与终止 ……………… 076
　　一、集体合同的履行 …………………………………… 076
　　二、集体合同的变更与解除 …………………………… 077
　　三、集体合同的终止 …………………………………… 078
第五节　不当劳动行为 ………………………………………… 079
　　一、"干涉工会活动"的不当劳动行为 ……………… 079
　　二、"控制、操控工会活动"的不当劳动行为 ……… 079
　　三、"拒绝集体协商"的不当劳动行为 ……………… 080
　　四、"歧视待遇"的不当劳动行为 …………………… 080

第五章　工资制度 …………………………………………… 082

第一节　最低工资制度 ………………………………………… 082
第二节　津贴和特殊情况下的工资支付 ……………………… 086
　　一、津贴制度 …………………………………………… 086
　　二、特殊情况下的工资 ………………………………… 087
第三节　工资保障制度 ………………………………………… 089
　　一、保障劳动者工资水平 ……………………………… 090
　　二、保障工资按规定支付 ……………………………… 090

三、严禁非法扣除劳动者工资 …………………………………………… 090

第六章　工作时间与休息时间制度 …………………………………… 094

第一节　工作时间制度 …………………………………………………… 094

一、标准工时制 …………………………………………………… 094

二、计件工时制 …………………………………………………… 095

三、缩短工时制 …………………………………………………… 095

四、其他工时制 …………………………………………………… 095

第二节　休息时间制度 …………………………………………………… 098

一、工作日内的间歇休息时间 …………………………………… 098

二、工作日之间的休息时间 ……………………………………… 099

三、工作周之间的休息日 ………………………………………… 099

四、法定节日休息时间 …………………………………………… 099

五、探亲假 ………………………………………………………… 100

六、年休假 ………………………………………………………… 101

七、其他休假 ……………………………………………………… 102

第三节　加班加点制度 …………………………………………………… 104

一、加班加点的一般规定 ………………………………………… 104

二、加班加点的特别规定 ………………………………………… 105

第七章　劳动安全卫生制度 …………………………………………… 108

第一节　劳动安全卫生制度基本规定 …………………………………… 108

一、劳动安全卫生责任制 ………………………………………… 108

二、劳动安全卫生教育和培训制度 ……………………………… 110

三、劳动安全卫生标准制度 ……………………………………… 112

四、劳动安全卫生认证制度 ……………………………………… 112

五、劳动安全卫生设施"三同时"制度 ………………………… 116

六、劳动安全卫生检查与监察制度 ……………………………… 117

七、职业病防治法规定的其他重要劳动卫生制度 ……………… 118

第二节　劳动安全卫生技术规定 ………………………………………… 119

一、劳动安全技术规定 …………………………………………… 120

二、劳动卫生技术规定 …………………………………… 121

　第三节　生产安全事故报告、应急救援与调查处理 …………… 123

　　一、生产安全事故的种类 ………………………………… 124

　　二、生产安全事故的报告、应急救援和调查 …………… 124

　　三、生产安全事故的处理 ………………………………… 127

第八章　女职工与未成年工特殊保护 …………………………… 130

　第一节　女职工特殊劳动保护 …………………………………… 130

　　一、女职工劳动权的保护 ………………………………… 130

　　二、女职工禁忌劳动范围 ………………………………… 131

　　三、女职工特殊生理期的保护 …………………………… 132

　　四、女职工特殊保护措施 ………………………………… 134

　第二节　未成年工特殊劳动保护 ………………………………… 137

　　一、严格限制未成年工就业年龄 ………………………… 137

　　二、限制工作时间延长 …………………………………… 138

　　三、未成年工禁忌劳动范围 ……………………………… 138

　　四、定期健康检查制度 …………………………………… 139

　　五、未成年工登记制度 …………………………………… 140

第九章　社会保险制度与福利 …………………………………… 142

　第一节　失业保险 ………………………………………………… 142

　　一、失业保险基金的构成 ………………………………… 142

　　二、失业保险金申领 ……………………………………… 143

　　三、失业保险金的发放 …………………………………… 145

　　四、失业保险金的停止发放 ……………………………… 146

　第二节　医疗保险 ………………………………………………… 148

　　一、医疗保险概述 ………………………………………… 148

　　二、城镇职工基本医疗保险 ……………………………… 150

　　三、城镇居民基本医疗保险 ……………………………… 152

　　四、新型农村合作医疗保险 ……………………………… 153

　第三节　工伤保险 ………………………………………………… 156

一、覆盖范围 ………………………………………… 156
　　二、工伤的范围 ……………………………………… 157
　　三、工伤认定的程序 ………………………………… 160
　　四、劳动能力的鉴定 ………………………………… 162
　　五、工伤保险待遇 …………………………………… 163
　第四节　生育保险 …………………………………………… 170
　　一、生育保险基金的覆盖范围与筹集 ……………… 171
　　二、申请生育保险待遇的条件 ……………………… 171
　　三、申请生育保险待遇的程序 ……………………… 172
　　四、生育保险待遇 …………………………………… 172
　第五节　养老保险 …………………………………………… 174
　　一、养老保险覆盖范围 ……………………………… 175
　　二、养老保险基金的筹集 …………………………… 175
　　三、养老保险金的发放 ……………………………… 176
　　四、企业补充养老保险——企业年金 ……………… 177
　第六节　职工福利 …………………………………………… 181
　　一、住房公积金 ……………………………………… 182
　　二、企业职工福利费 ………………………………… 184

第十章　劳动争议处理 ………………………………………… 186
　第一节　劳动争议处理概述 ………………………………… 186
　　一、劳动争议处理的基本程序 ……………………… 186
　　二、劳动争议的受案范围 …………………………… 187
　　三、涉外劳动争议 …………………………………… 188
　第二节　劳动争议的调解 …………………………………… 189
　　一、劳动争议调解组织和调解员 …………………… 190
　　二、调解程序 ………………………………………… 190
　第三节　劳动争议的仲裁 …………………………………… 193
　　一、劳动争议仲裁机构及其组成 …………………… 193
　　二、劳动争议仲裁的管辖 …………………………… 195
　　三、劳动争议仲裁案件的当事人 …………………… 195

四、劳动争议仲裁程序 …………………………………… 196
第四节　劳动争议的诉讼 ……………………………………… 202
　　一、劳动争议诉讼管辖 …………………………………… 202
　　二、劳动争议案件的受理条件 …………………………… 202

第十一章　劳动监察制度 …………………………………… 207

第一节　劳动行政部门的监督检查 …………………………… 207
　　一、劳动监督检查机构 …………………………………… 207
　　二、劳动监督检查机构的职权 …………………………… 207
　　三、劳动监督检查的实施 ………………………………… 209
第二节　其他组织的劳动监督检查 …………………………… 212
　　一、县级以上人民政府有关部门的监督检查职权 ……… 212
　　二、工会等群众组织的监督检查职权 …………………… 212

第十二章　工会 ……………………………………………… 214

第一节　工会组织 ……………………………………………… 214
　　一、工会组织的建立条件及方式 ………………………… 214
　　二、工会委员会的任期及会议召开 ……………………… 215
　　三、对工会成员的保护 …………………………………… 215
第二节　工会的权利和义务 …………………………………… 217
　　一、工会的权利 …………………………………………… 217
　　二、工会的义务 …………………………………………… 218
第三节　工会的经费和财产 …………………………………… 221

第一章

劳动法律制度概述

【规则要点】

中国是社会主义法治国家，劳动者的合法权益受到法律的全面保护。中国在保护劳动者合法权益的同时，也注重保护用人单位的合法权益。劳动法律制度是中国特色社会主义法律体系的重要组成部分，是保护劳动者权益的法律依据。

【理解与适用】

中国的劳动法律制度着眼于保护劳动者的合法权益，调整劳动关系，建立和维护适应社会主义市场经济的劳动制度，促进经济发展和社会进步。为达到这一系列的目的，中国以宪法为基础，相继出台了法律、行政法规、地方性法规以及部门规章等，用以规范和调整劳动关系。

一、宪法

《中华人民共和国宪法》全面规定了劳动者的基本权利，如劳动权、报酬权、休息休假权、获得劳动安全卫生保护的权利、物质帮助权、培训权、结社权等。这些权利在国家根本大法中规定，并在其他法律中得以体现，有利于保护劳动者的合法权益，调整劳动关系。

二、劳动法律

劳动法律包括《中华人民共和国劳动法》《中华人民共和国工会法》《中华人民共和国就业促进法》《中华人民共和国劳动合同法》以及其他法律中涉及劳动关系内容的法律，如《中华人民共和国职业教育法》

《中华人民共和国妇女权益保障法》等。其中，劳动法是其中的基本法，较为全面地规定了促进就业、劳动合同和集体合同、工作时间和休息休假、工资、劳动安全卫生、女职工和未成年工特殊保护、职业培训、社会保险和福利以及劳动争议等各方面的内容。

三、行政法规和地方性法规

除法律外，还有许多行政法规对劳动法律制度作出了规定，如《工伤保险条例》《女职工劳动保护特别规定》《国务院关于职工工作时间的规定》《国务院关于职工探亲待遇的规定》《全国年节及纪念日放假办法》等。除此之外，还有许多地方性法规也都是劳动法渊源的范畴，它们只在本行政区域内具有效力。

四、部门规章

国务院劳动行政部门主管全国劳动工作，制定关于劳动方面的部门规章。如《劳务派遣暂行规定》《劳务派遣行政许可实施办法》《企业职工带薪年休假实施办法》《关于贯彻执行〈中华人民共和国劳动法〉若干问题的意见》《工资支付暂行规定》等，这些劳动规章在保护劳动者利益、协调劳动关系方面担负着重要角色。

除此之外，还有许多与劳动法律相关的司法解释，以及中国加入的国际劳工组织制定的国际劳工公约和建议书等，都是劳动法的渊源。这些法律、法规、规章制度等，共同构成了中国的劳动法律制度。

第二章

就业促进制度

第一节 就业促进制度概述

【规则要点】

中国实施积极的就业政策，坚持劳动者自主择业、市场调节就业、政府促进就业的方针，多渠道扩大就业。2007年8月30日，第十届全国人民代表大会常务委员会第二十九次会议通过的《中华人民共和国就业促进法》（根据2015年4月24日第十二届全国人民代表大会常务委员会第十四次会议《关于修改〈中华人民共和国电力法〉等六部法律的决定》修正），明确规定了政府在促进就业中的职责。

【理解与适用】

政府在就业促进中发挥着不可替代的作用，就业促进法对政府在就业促进中的职责作出了明确规定，包括八个方面。

一、建立就业工作目标制度

县级以上人民政府把扩大就业作为经济和社会发展的重要目标，纳入国民经济和社会发展规划，并制定促进就业的中长期规划和年度工作计划。

二、制定实施有利于就业的经济和社会政策

县级以上人民政府通过发展经济和调整产业结构、规范人力资源市场、完善就业服务、加强职业教育和培训、提供就业援助等措施，创造就业条件，扩大就业。

三、推进公平就业

各级人民政府依法保证劳动者享有平等就业和自主择业的权利，创造公平的就业环境，消除就业歧视。

四、加强就业服务和管理

县级以上人民政府培育和完善统一开放、竞争有序的人力资源市场，为劳动者就业提供服务；鼓励社会各方面依法开展就业服务活动，加强对公共就业服务和职业中介服务的指导和监督，逐步完善覆盖城乡的就业服务体系。

五、大力开展职业培训

国家依法发展职业教育，鼓励开展职业培训，促进劳动者提高职业技能，增强就业能力和创业能力。

六、建立健全失业保险制度

国家建立健全失业保险制度，依法确保失业人员的基本生活，并促进其实现就业。

七、开展就业和失业调查统计工作

国家建立劳动力调查统计制度和就业登记、失业登记制度，开展劳动力资源和就业、失业状况调查统计，并公布调查统计结果，以加强就业的基础管理工作。

八、发挥社会各方面促进就业的作用

工会、共产主义青年团、妇女联合会、残疾人联合会以及其他社会组织，协助人民政府开展促进就业工作，依法维护劳动者的劳动权利。各级人民政府和有关部门对在促进就业工作中作出显著成绩的单位和个人，给予表彰和奖励。

【法条指引】

中华人民共和国就业促进法（节录）

第四条　县级以上人民政府把扩大就业作为经济和社会发展的重要目标，纳入国民经济和社会发展规划，并制定促进就业的中长期规划和年度工作计划。

第五条　县级以上人民政府通过发展经济和调整产业结构、规范人力资源市场、完善就业服务、加强职业教育和培训、提供就业援助等措施，创造就业条件，扩大就业。

第九条　工会、共产主义青年团、妇女联合会、残疾人联合会以及其他社会组织，协助人民政府开展促进就业工作，依法维护劳动者的劳动权利。

第十六条　国家建立健全失业保险制度，依法确保失业人员的基本生活，并促进其实现就业。

第二十五条　各级人民政府创造公平就业的环境，消除就业歧视，制定政策并采取措施对就业困难人员给予扶持和援助。

第三十二条　县级以上人民政府培育和完善统一开放、竞争有序的人力资源市场，为劳动者就业提供服务。

第四十四条　国家依法发展职业教育，鼓励开展职业培训，促进劳动者提高职业技能，增强就业能力和创业能力。

第二节　就业促进的政策支持和公平就业

【规则要点】

国家出台各种政策积极促进就业，同时，各级人民政府创造公平就业的环境，消除就业歧视，制定政策并采取措施对就业困难人员给予扶持和援助。

【理解与适用】

一、就业促进的政策支持

根据就业促进法的规定,县级以上人民政府应当把扩大就业作为重要职责,统筹协调产业政策与就业政策。

(一)国家鼓励通过多种渠道扩大就业

1. 各类企业在法律、法规规定的范围内,通过兴办产业或者拓展经营,增加就业岗位;

2. 通过发展劳动密集型产业、服务业,扶持中小企业,多渠道、多方式增加就业岗位;

3. 鼓励、支持、引导非公有制经济发展,扩大就业,增加就业岗位;

4. 县级以上人民政府在安排政府投资和确定重大建设项目时,发挥投资和重大建设项目带动就业的作用,增加就业岗位;

5. 国家发展国内外贸易和国际经济合作,拓宽就业渠道;等等。

(二)国家实行有利于促进就业的财政政策

国家加大资金投入,改善就业环境,扩大就业。县级以上人民政府应当根据就业状况和就业工作目标,在财政预算中安排就业专项资金用于促进就业工作。就业专项资金用于职业介绍、职业培训、公益性岗位、职业技能鉴定、特定就业政策和社会保险等的补贴,小额贷款担保基金和微利项目的小额担保贷款贴息,以及扶持公共就业服务等。就业专项资金的使用管理办法由国务院财政部门和劳动行政部门规定。

国家鼓励企业增加就业岗位,扶持失业人员和残疾人就业,对下列企业、人员依法给予税收优惠:

1. 吸纳符合国家规定条件的失业人员达到规定要求的企业;

2. 失业人员创办的中小企业;

3. 安置残疾人员达到规定比例或者集中使用残疾人的企业;

4. 从事个体经营的符合国家规定条件的失业人员;

5. 从事个体经营的残疾人;

6. 国务院规定给予税收优惠的其他企业、人员。

对于从事个体经营的符合国家规定条件的失业人员和从事个体经营的

残疾人,有关部门在经营场地等方面给予照顾,免除行政事业性收费。

(三) 国家实行有利于促进就业的金融政策

国家增加中小企业的融资渠道;鼓励金融机构改进金融服务,加大对中小企业的信贷支持,并对自主创业人员在一定期限内给予小额信贷等扶持。

(四) 国家实行城乡统筹的就业政策

国家建立健全城乡劳动者平等就业的制度,引导农业富余劳动力有序转移就业。县级以上地方人民政府推进小城镇建设和加快县域经济发展,引导农业富余劳动力就地就近转移就业;在制定小城镇规划时,将本地区农业富余劳动力转移就业作为重要内容。县级以上地方人民政府引导农业富余劳动力有序向城市异地转移就业;劳动力输出地和输入地人民政府应当互相配合,改善农村劳动者进城就业的环境和条件。

除此之外,国家支持区域经济发展,鼓励区域协作,统筹协调不同地区就业的均衡增长;支持民族地区发展经济,扩大就业。各级人民政府采取措施,逐步完善和实施与非全日制用工等灵活就业相适应的劳动和社会保险政策,为灵活就业人员提供帮助和服务。地方各级人民政府和有关部门应当加强对失业人员从事个体经营的指导,提供政策咨询、就业培训和开业指导等服务。

二、公平就业

国家发展公平就业,要求各级人民政府创造公平就业的环境,消除就业歧视,制定政策并采取措施对就业困难人员给予扶持和援助。用人单位招用人员、职业中介机构从事职业中介活动,应当向劳动者提供平等的就业机会和公平的就业条件,不得实施就业歧视。

1. 国家保障妇女享有与男子平等的劳动权利。用人单位招用人员,除国家规定的不适合妇女的工种或者岗位外,不得以性别为由拒绝录用妇女或者提高对妇女的录用标准。用人单位录用女职工,不得在劳动合同中规定限制女职工结婚、生育的内容。

2. 各民族劳动者享有平等的劳动权利。用人单位招用人员,应当依法对少数民族劳动者给予适当照顾。

3. 国家保障残疾人的劳动权利。各级人民政府应当对残疾人就业统筹规划，为残疾人创造就业条件。用人单位招用人员，不得歧视残疾人。

4. 用人单位招用人员，不得以是传染病病原携带者为由拒绝录用。但是，经医学鉴定传染病病原携带者在治愈前或者排除传染嫌疑前，不得从事法律、行政法规和国务院卫生行政部门规定禁止从事的易使传染病扩散的工作。

5. 农村劳动者进城就业享有与城镇劳动者平等的劳动权利，不得对农村劳动者进城就业设置歧视性限制。

【风险提示】

用人单位招用人员、职业中介机构从事职业中介活动，应当向劳动者提供平等的就业机会和公平的就业条件，不得实施就业歧视。

【法条指引】

中华人民共和国就业促进法（节录）

第二十五条 各级人民政府创造公平就业的环境，消除就业歧视，制定政策并采取措施对就业困难人员给予扶持和援助。

第二十六条 用人单位招用人员、职业中介机构从事职业中介活动，应当向劳动者提供平等的就业机会和公平的就业条件，不得实施就业歧视。

第二十七条 国家保障妇女享有与男子平等的劳动权利。

用人单位招用人员，除国家规定的不适合妇女的工种或者岗位外，不得以性别为由拒绝录用妇女或者提高对妇女的录用标准。

用人单位录用女职工，不得在劳动合同中规定限制女职工结婚、生育的内容。

第二十八条 各民族劳动者享有平等的劳动权利。

用人单位招用人员，应当依法对少数民族劳动者给予适当照顾。

第二十九条 国家保障残疾人的劳动权利。

各级人民政府应当对残疾人就业统筹规划，为残疾人创造就业条件。

用人单位招用人员，不得歧视残疾人。

第三十条　用人单位招用人员，不得以是传染病病原携带者为由拒绝录用。但是，经医学鉴定传染病病原携带者在治愈前或者排除传染嫌疑前，不得从事法律、行政法规和国务院卫生行政部门规定禁止从事的易使传染病扩散的工作。

第三十一条　农村劳动者进城就业享有与城镇劳动者平等的劳动权利，不得对农村劳动者进城就业设置歧视性限制。

第三节　就业服务和管理

【规则要点】

国家鼓励社会各方面依法开展就业服务活动，县级以上人民政府应设立公共就业服务机构，为劳动者免费提供就业服务。除此之外，政府应加强对职业中介机构的管理，鼓励其提高服务质量，发挥其在促进就业中的作用。

【理解与适用】

一、就业服务

根据就业促进法的规定，县级以上人民政府建立健全公共就业服务体系，设立公共就业服务机构，为劳动者免费提供下列服务：

1. 就业政策法规咨询；
2. 职业供求信息、市场工资指导价位信息和职业培训信息发布；
3. 职业指导和职业介绍；
4. 对就业困难人员实施就业援助；
5. 办理就业登记、失业登记等事务；
6. 其他公共就业服务。

公共就业服务机构应当不断提高服务的质量和效率，不得从事经营性活动。

县级以上地方人民政府对职业中介机构提供公益性就业服务的，按照规定给予补贴。国家鼓励社会各界为公益性就业服务提供捐赠、资助。但是地方各级人民政府和有关部门不得举办或者与他人联合举办经营性的职业中介机构。地方各级人民政府和有关部门、公共就业服务机构举办的招聘会，不得向劳动者收取费用。

二、职业中介机构

县级以上人民政府和有关部门加强对职业中介机构的管理，鼓励其提高服务质量，发挥其促进就业的作用。从事职业中介活动，应当遵循合法、诚实信用、公平、公开的原则。用人单位通过职业中介机构招用人员，应当如实向职业中介机构提供岗位需求信息。禁止任何组织或者个人利用职业中介活动侵害劳动者的合法权益。

（一）中国内资职业中介机构

根据就业促进法的规定，设立职业中介机构应当具备下列条件：

1. 有明确的章程和管理制度；
2. 有开展业务必备的固定场所、办公设施和一定数额的开办资金；
3. 有一定数量具备相应职业资格的专职工作人员；
4. 法律、法规规定的其他条件。

就业促进法还规定，职业中介机构不得有下列行为：

1. 提供虚假就业信息；
2. 为无合法证照的用人单位提供职业中介服务；
3. 伪造、涂改、转让职业中介许可证；
4. 扣押劳动者的居民身份证和其他证件，或者向劳动者收取押金；
5. 其他违反法律、法规规定的行为。

此外，设立职业中介机构应当在主管部门办理登记后，向劳动行政部门申请行政许可。未经依法许可和登记的机构，不得从事职业中介活动。

（二）中外合资人才中介机构

根据《中外合资人才中介机构管理暂行规定》，开展人才中介服务的外国公司、企业和其他经济组织在中国境内从事人才中介服务活动，必须与中国开展人才中介服务的公司、企业和其他经济组织合资经营，设立专门的人才中介机构。该规定还明确规定，不得设立外商独资人才中介机构。外国企业常驻中国代表机构和在中国成立的商会等组织也不得在中国境内从事人才中介服务。

1. 设立中外合资人才中介机构的条件

申请中外合资人才中介机构，必须符合下列条件：

（1）申请设立中外合资人才中介机构的中方投资者应当是成立3年以上的人才中介机构，外方出资者也应当是从事3年以上人才中介服务的外国公司、企业和其他经济组织，合资各方具有良好的信誉；

（2）有健全的组织机构；有熟悉人力资源管理业务的人员，其中必须有5名以上具有大专以上学历并取得人才中介服务资格证书的专职人员；

（3）有与其申请的业务相适应的固定场所、资金和办公设施，其中外方合资者的出资比例不得低于25%，中方合资者的出资比例不得低于51%；

（4）有健全可行的机构章程、管理制度、工作规则，有明确的业务范围；

（5）能够独立享有民事权利，承担民事责任；

（6）法律、法规规定的其他条件。

申请设立中外合资人才中介机构，应当由拟设立机构所在地的省、自治区、直辖市人民政府人事行政部门审批，并报国务院人事行政部门备案。其中，由国务院人事行政部门许可设立的人才中介机构与外方合资设立中外合资人才中介机构的，应征得国务院人事行政部门的书面同意。

2. 申请应提交的材料

申请设立中外合资人才中介机构，可以通过信函、电报、电传、传真、电子数据交换和电子邮件等方式向省、自治区、直辖市人民政府人事行政部门提出申请。

申请材料应包括以下内容：

（1）书面申请及可行性报告；

（2）合资各方签订的协议与章程；

（3）合资各方开展人才中介服务3年以上的资质证明；

（4）工商营业执照（副本）；

（5）法律、法规和省、自治区、直辖市人民政府人事行政部门要求提供的其他材料。

上述所列的申请材料凡是用外文书写的，应当附有中文译本。

3. 审核与批准

省、自治区、直辖市人民政府人事行政部门在接到设立中外合资人才中介机构的申请报告之日起 20 日内审核完毕，20 日内不能作出决定的，经本行政机关负责人批准，可以延长 10 日，并应当将延长期限的理由告知申请人。批准同意的，发给《人才中介服务许可证》，并应当在作出决定之日起 10 日内向申请人颁发、送达许可证，报国务院人事行政部门备案；不同意的应当书面通知申请人，并说明理由。

审批机关应在行政机关网站上公布审批程序、期限和需要提交的全部材料的目录，以及批准设立的中外合资人才中介机构的名录等信息。

【风险提示】

从事职业中介活动，应当遵循合法、诚实信用、公平、公开的原则。设立职业中介机构应当在市场监督管理部门办理登记后，向劳动行政部门申请行政许可。未经依法许可和登记的机构，不得从事职业中介活动。

【法条指引】

中华人民共和国就业促进法（节录）

第三十五条 县级以上人民政府建立健全公共就业服务体系，设立公共就业服务机构，为劳动者免费提供下列服务：

（一）就业政策法规咨询；

（二）职业供求信息、市场工资指导价位信息和职业培训信息发布；

（三）职业指导和职业介绍；

（四）对就业困难人员实施就业援助；

（五）办理就业登记、失业登记等事务；

（六）其他公共就业服务。

公共就业服务机构应当不断提高服务的质量和效率，不得从事经营性活动。

公共就业服务经费纳入同级财政预算。

第四十条 设立职业中介机构应当具备下列条件：

（一）有明确的章程和管理制度；

（二）有开展业务必备的固定场所、办公设施和一定数额的开办资金；

（三）有一定数量具备相应职业资格的专职工作人员；

（四）法律、法规规定的其他条件。

设立职业中介机构应当在工商行政管理部门办理登记后，向劳动行政部门申请行政许可。

未经依法许可和登记的机构，不得从事职业中介活动。

国家对外商投资职业中介机构和向劳动者提供境外就业服务的职业中介机构另有规定的，依照其规定。

第四十一条 职业中介机构不得有下列行为：

（一）提供虚假就业信息；

（二）为无合法证照的用人单位提供职业中介服务；

（三）伪造、涂改、转让职业中介许可证；

（四）扣押劳动者的居民身份证和其他证件，或者向劳动者收取押金；

（五）其他违反法律、法规规定的行为。

第四节　职业教育和培训

【规则要点】

国家依法发展职业教育，鼓励和支持各类职业院校、职业技能培训机构和用人单位依法开展就业前培训、在职培训、再就业培训和创业培训；鼓励劳动者参加各种形式的培训。

【理解与适用】

中国依法发展职业教育，鼓励开展职业培训，促进劳动者提高职业技能，增强就业能力和创业能力。根据就业促进法的规定，县级以上人民政府应根据经济社会发展和市场需求，制定并实施职业能力开发计划。县级以上人民政府加强统筹协调，鼓励和支持各类职业院校、职业技能培训机构和用人单位依法开展就业前培训、在职培训、再就业培训和创业培训；

鼓励劳动者参加各种形式的培训。

根据职业教育法的规定,境外的组织和个人在中国境内举办职业学校、职业培训机构的办法,由国务院规定。据此,国务院于2003年3月1日公布了《中华人民共和国中外合作办学条例》,2013年进行了修订,2019年进行了修正。根据该条例的规定,中外合作办学属于公益性事业,是中国教育事业的组成部分。并明确规定,国家鼓励在职业教育领域开展中外合作办学,鼓励中国高等教育机构与外国知名的高等教育机构合作办学。

需要指出的是,外国教育机构、其他组织或者个人不得在中国境内单独设立以中国公民为主要招生对象的职业技能培训机构。

一、设立中外合作职业办学机构的条件

(一)设立中外合作职业学校的条件

设立中外合作职业学校,必须符合下列基本条件:

1. 有组织机构和章程;
2. 有合格的教师;
3. 有符合规定标准的教学场所、与职业教育相适应的设施、设备;
4. 有必备的办学资金和稳定的经费来源。

(二)设立中外合作职业技能培训机构的条件

设立中外合作职业技能培训机构,应达到以下设置标准:

1. 具有同时培训不少于200人的办学规模。

2. 办学场所应符合环境保护、劳动保护、安全、消防、卫生等有关规定及相关职业(工种)安全规程。建筑面积应与其办学规模相适应,一般不少于3000平方米,其中实习、实验场所一般不少于1000平方米。租用的场所其租赁期限不少于3年。

3. 实习、实验设施和设备应满足教学和技能训练需要,有充足的实习工位,主要设备应达到国际先进水平。具有不少于5000册的图书资料和必要的阅览场所,并配备电子阅览设备。

4. 投入的办学资金,应当与办学层次和规模相适应,且固定资产50万元人民币以上,注册资金50万元人民币以上,并具有稳定的经费来源。

5. 校长或主要行政负责人应具有中华人民共和国国籍,在中国境内定

居、热爱祖国、品行良好,具备大学本科及以上学历或者高级专业技术职务任职资格、高级以上国家职业资格。

6. 专兼职教师队伍与专业设置、办学规模相适应,专职教师人数一般不少于教师人数的1/3。每个教学班按专业应当分别配备专业理论课教师和生产实习指导教师,其中,理论教师应具有与其教学岗位相适应的教师上岗资格条件,实习指导教师应具备高级及以上职业资格或中级及以上相关专业技术职务任职资格,并具有相应的教师上岗资格。

设立中外合作技工学校,参照技工学校设置标准执行。

中外合作职业技能培训机构只能使用一个名称,其外文译名应当与中文名称相符。中外合作职业技能培训机构名称应当按所在行政区划、字号、职业技能培训学校依次确切表示。名称中不得冠以"中国""全国""中华"等字样,不得违反国家规定,不得损害社会公共利益。中外合作职业技能培训机构也不得设立分支机构,不得举办其他中外合作办学机构。

二、中外合作协议

中外合作办学者应当在平等协商的基础上签订合作协议。

中外合作协议应当载明下列内容:

1. 合作各方的名称、住所和法定代表人的姓名、职务、国籍;
2. 拟设立的中外合作职业技能培训机构的名称、住所、培养目标、办学宗旨、合作内容和期限;
3. 合作各方投入资产数额、方式及资金缴纳期限;
4. 解决合作各方争议的方式和程序;
5. 违反合作协议的责任;
6. 合作各方约定的其他事项。

合作协议应当为中文文本。有外文文本的,应当与中文文本的内容一致。

三、中外合作办学资产

(一)应有相应办学资金

中外合作办学者投入的办学资金,应当与拟设立的中外合作职业技能培训机构的层次和规模相适应,并必须经法定的验资机构验资且出具证明。

中外合作办学者应当按照合作协议按时、足额投入办学资金。中外合作职业技能培训机构存续期间，中外合作办学者不得抽逃办学资金，不得挪用办学经费。

(二) 中外双方按协议出资

中外合作办学者为办学投入的实物、土地使用权、知识产权以及其他财产，其作价由中外合作办学者双方按照公平合理的原则协商确定，或者聘请双方同意的社会中介组织依法进行评估，并依法办理财产权转移有关手续。

中国教育机构以国有资产作为办学投入的，应当根据国家有关国有资产监督管理规定，聘请具有评估资格的社会中介组织依法进行评估，根据评估结果合理确定国有资产的数额，并报对该国有资产负有监管职责的机构备案，依法履行国有资产管理义务。

四、审核批准

根据中外合作办学条例的规定，申请设立实施职业技能培训的中外合作办学机构，由拟设立机构所在地的省、自治区、直辖市人民政府劳动行政部门审批。

申请正式设立中外合作职业技能培训机构，应当由中国教育机构申请，提交中外合作办学条例规定的文件。其中，直接申请正式设立的，正式设立申请书应当按照国务院主管部门制定的《中外合作职业技能培训机构申请表》所规定的内容和格式填写，并提交中外合作办学者的注册登记证明、法定代表人的有效证明文件，其中，外国合作办学者的有关证明文件应当经所在国公证机关证明。

有下列情形之一的，审批机关不予批准正式设立中外合作职业技能培训机构，并书面说明理由：

1. 不具备办学条件、未达到设置标准的；
2. 理事会、董事会的组成人员及其构成不符合法定要求，校长或者主要行政负责人、教师、财会人员不具备法定资格，经告知仍不改正的；
3. 章程不符合中外合作办学条例和《中外合作职业技能培训办学管理办法》要求，经告知仍不修改的；

4. 在筹备设立期内有违反法律、法规行为的。

五、合理回报

根据法律规定，中外合作办学者可以要求取得合理回报。中外出资人按学校章程的规定要求取得合理回报的，可以在每个会计年度结束时，从学校的办学结余中按一定比例取得回报。此处的办学结余，是指学校扣除办学成本等形成的年度净收益，扣除社会捐助、国家资助的资产，并依照有关规定预留发展基金以及按照国家有关规定提取其他必需的费用后的余额。

中外合作职业技能培训机构应当根据下列因素确定本校出资人从办学结余中取得回报的比例：

1. 收取费用的项目和标准；
2. 用于教育教学活动和改善办学条件的支出占收取费用的比例；
3. 办学水平和教育质量。

与同级同类其他民办学校相比较，收取费用高、用于教育教学活动和改善办学条件的支出占收取费用的比例低，并且办学水平和教育质量低的民办学校，其出资人从办学结余中取得回报的比例不得高于同级同类其他民办学校。

有下列情形之一的，出资人不得取得回报：

1. 发布虚假招生简章或者招生广告，骗取钱财的；
2. 擅自增加收取费用的项目、提高收取费用的标准，情节严重的；
3. 非法颁发或者伪造学历证书、职业资格证书的；
4. 骗取办学许可证或者伪造、变造、买卖、出租、出借办学许可证的；
5. 未依照《中华人民共和国会计法》和国家统一的会计制度进行会计核算、编制财务会计报告，财务、资产管理混乱的；
6. 违反国家税收征管法律、行政法规的规定，受到税务机关处罚的；
7. 校舍或者其他教育教学设施、设备存在重大安全隐患，未及时采取措施，致使发生重大伤亡事故的；
8. 教育教学质量低下，产生恶劣社会影响的。

出资人抽逃资金或者挪用办学经费的，不得取得回报。

【风险提示】

外国教育机构、其他组织或者个人不得在中国境内单独设立以中国公民为主要招生对象的职业技能培训机构。

【相关案例】

红谷滩新区普洛莱茜尔美睫店与罗某某劳动争议案

原、被告于2016年10月24日签订《劳动合同书》，约定：被告（乙方）在原告普洛莱茜尔美睫店（甲方）处担任美睫技师，劳动合同期限自2017年1月24日至2019年1月23日，试用期为2016年10月24日至2017年1月23日（试用期为预估培训期时间，如提前培训结束通过考核，合同期将自动提前，合同期限为两年）；基本工资2000元/月，每月15日发放；甲方为乙方提供美睫技师的培训学习机会，培训由甲方委托普洛莱茜尔（上海）美容有限公司南昌店安排进行；甲方为乙方支付培训费用25000元，培训期间生活补贴2000元/月，如不足一个月，按实际培训或者练习天数计算补贴；模特的费用约为100元—300元/人/天，按照实际支出为准，如公司需要去总部进行培训，交通费1000元/次（以实际票据为准）；总部培训期间的餐补费用为30元/天；如乙方在甲方处服务期限未满提出辞职的，应向甲方支付违约金，违约金的数额为甲方为乙方培训所支出的所有费用；如乙方出现应承担违约责任的情况未主动承担相应的经济损失，甲方因维权所产生的全部费用（包括但不限于律师费、仲裁费、诉讼费、邮寄费、文印费等）由乙方承担。2017年1月10日至1月14日，经原告安排，被告参加普洛莱茜尔（上海）美容有限公司组织的美睫岗位专业培训，培训内容为基础理论。后被告于2017年2月16日离职。原告向新建区劳动人事争议仲裁委员会申请劳动仲裁，仲裁委作出新劳人仲案字（2017）第89号仲裁裁决书，裁决：驳回申请人全部请求事项。原告不服仲裁裁决，遂诉至法院。另查明，2017年3月31日，普洛莱茜尔（上海）美容有限公司开具证明，证明原告为被告支付培训费用计7810元。法院认为：原、被告签订的《劳动合同书》系双方意思表示，未违反法律、行政法规强制性规定，属合法有效。现原告诉请要求解除《劳动合同书》，因被告在仲裁审理过程中自认已于 2017 年 2 月 15 日与原告解除劳动关系，故可以认定原、被告双方签订的《劳动合同书》已解除。根据法律规定，用人单位应当建立职业培训制度，按照国家规定提取和使用职业培训经费，根据本单位实际，有计划地对劳动者进行职业培训；从事技术工种的劳动者，上岗前必须经过培训。被告在入职原告处后，接受原告安排的培训，培训内容为基础理论，该次培训应属上岗职业培训，属用人单位应尽的义务。对原告诉请要求被告赔偿培训费用 7810 元之诉请，由于原告只提供了事后由普洛莱茜尔（上海）美容有限公司提供的证明，属于单方制作，该证据的形式不符合法律规定，且原告经营者的丈夫的招商银行账户与普洛莱茜尔（上海）美容有限公司有频繁的经济往来，不能证明原告为被告进行的是专业技术培训及培训费为 7810 元，故其诉请，证据不足，法院不予支持。

【法条指引】

中华人民共和国就业促进法（节录）

第四十四条 国家依法发展职业教育，鼓励开展职业培训，促进劳动者提高职业技能，增强就业能力和创业能力。

第四十五条 县级以上人民政府根据经济社会发展和市场需求，制定并实施职业能力开发计划。

第四十六条 县级以上人民政府加强统筹协调，鼓励和支持各类职业院校、职业技能培训机构和用人单位依法开展就业前培训、在职培训、再就业培训和创业培训；鼓励劳动者参加各种形式的培训。

第四十七条 县级以上地方人民政府和有关部门根据市场需求和产业发展方向，鼓励、指导企业加强职业教育和培训。

职业院校、职业技能培训机构与企业应当密切联系，实行产教结合，为经济建设服务，培养实用人才和熟练劳动者。

企业应当按照国家有关规定提取职工教育经费，对劳动者进行职业技能培训和继续教育培训。

第四十八条 国家采取措施建立健全劳动预备制度，县级以上地方人民政府对有就业要求的初高中毕业生实行一定期限的职业教育和培训，使其取得相应的职业资格或者掌握一定的职业技能。

第四十九条 地方各级人民政府鼓励和支持开展就业培训，帮助失业人员提高职业技能，增强其就业能力和创业能力。失业人员参加就业培训的，按照有关规定享受政府培训补贴。

第三章

劳动合同

第一节 劳动合同概述

【规则要点】

用人单位应根据《中华人民共和国劳动法》《中华人民共和国劳动合同法》及其他相关法律法规的规定，与劳动者订立劳动合同。

【理解与适用】

劳动合同是劳动者与用人单位确立劳动关系、明确双方权利和义务的协议。依据劳动合同，劳动者就与用人单位之间确立了具体的劳动法律关系。劳动者成为用人单位的一员，有义务完成生产任务、工作任务，并有义务遵守劳动纪律和内部规章制度；用人单位则有义务支付劳动报酬、提供劳动条件、劳动保护及保险、福利等待遇。根据劳动法的规定，建立劳动关系应当订立劳动合同。

劳动合同的当事人一方是用人单位，另一方是劳动者。在中国，用人单位是指具有用人权利能力和用人行为能力，通过招工或招聘行为招用或聘用劳动者的用人主体，主要是指在中国境内各种性质的企业、个体经济组织、民办非企业单位等组织，根据劳动合同法实施条例的规定，依法成立的会计师事务所、律师事务所等合伙组织和基金会，属于劳动合同法规定的用人单位；而劳动者则是指具有劳动权利能力和劳动行为能力并被用人单位招用的自然人，包括在中国境内与用人单位确立劳动关系的中国公民、外国人和无国籍人。另外，根据劳动合同法的规定，国家机关、事业单位、社会团体和与其建立劳动关系的劳动者，订立、履行、变更、解除或者终止劳动合同，应当依照劳动合同法执行。

在实践中，劳动合同的种类比较多，根据劳动法及劳动合同法，劳动合同的种类主要有以下几种：

1. 根据合同期限的不同，劳动合同可分为有固定期限的合同、无固定期限的合同和以完成一定的工作为期限的劳动合同

（1）有固定期限的劳动合同，也称为定期劳动合同，是指双方当事人在劳动合同中约定一个明确的合同有效期限，期限届满可以依法续订，否则就终止双方的权利义务关系的劳动合同种类。

（2）无固定期限的劳动合同，也称为不定期劳动合同，是指双方当事人在劳动合同中没有明确规定合同的有效期限，劳动关系可以在劳动者的法定劳动年龄和用人单位的存在期限内持续存在，只有在法定或约定的条件出现时才终止双方的权利义务关系的劳动合同种类。

（3）以完成一定工作为期限的劳动合同，是指用人单位与劳动者约定以某项工作的完成为合同期限的劳动合同。

2. 根据就业方式的不同，劳动合同可分为全日制劳动合同、非全日制劳动合同、劳务派遣合同

（1）全日制劳动合同，是指依据国家法定劳动时间的规定，从事全时工作的合同。

（2）非全日制劳动合同，是指劳动者与用人单位签订的以小时计酬为主，劳动者在同一用人单位一般平均每日工作时间不超过4小时，每周工作时间累计不超过24小时的特殊形式的劳动合同。

（3）劳务派遣合同，是指劳务单位（即用人单位）和派遣劳动者签订劳动合同后，将派遣劳动者派遣至劳务派遣接受单位（即用工单位），在劳务派遣关系中，受派遣劳动者和劳务派遣单位签订劳动合同，劳务派遣单位和实际用工单位签订劳务派遣协议。

【风险提示】

劳动合同的当事人，一方是以法人与其他组织形式存在的用人单位，另一方只能是自然人。各种社会组织之间、自然人与自然人之间，因含有

劳务性质而签订的合同属于劳务合同而非劳动合同，不能由劳动法及劳动合同法来调整，而应当适用民法及合同法。

【相关案例】

宜昌市无线电厂诉卢某某等4人终止劳动合同纠纷案

1988年11月至1989年12月期间，原告宜昌市无线电厂（以下简称无线电厂）分别与被告卢某某、倪某、刘某某签订了为期5年的劳动合同。被告何某某在1987年与宜昌市旭光棉纺织厂签订了为期5年的劳动合同，1992年调入无线电厂工作。

1995年5月，原告无线电厂按照实行全员劳动合同制的要求，制定《宜昌市无线电厂全员劳动合同制实施细则》，经厂职工代表大会讨论通过。8月，无线电厂根据该细则，分别与4名被告签订了为期2年的劳动合同。合同到期后，无线电厂没有通知4名被告终止劳动合同，也未续签劳动合同，双方形成了事实上的劳动关系。1998年7月，无线电厂以双方所签订的劳动合同已到期为由，通知4名被告终止劳动合同关系。4名被告向宜昌市劳动争议仲裁委员会申请仲裁，请求裁决维持原劳动关系，并与无线电厂续签劳动合同。劳动争议仲裁委员会裁决，无线电厂应与4名被告补签2—7年的劳动合同，并为4名被告缴纳社会保险金。无线电厂不服该裁决，遂提起诉讼。

宜昌市西陵区人民法院认为：劳动法第16条规定："劳动合同是劳动者与用人单位确立劳动关系、明确双方权利和义务的协议。建立劳动关系应当订立劳动合同。"在原告无线电厂于1995年实行全员劳动合同制前，卢某某等4名被告就是合同制职工。按照无线电厂制定并经该厂职工代表大会讨论一致通过的全员劳动合同制实施细则第6条第2项的规定，合同制职工应与无线电厂签订期限为5—10年的劳动合同。无线电厂与4名被告签订为期2年的劳动合同，不是4名被告的真实意思表示，且违背了上述规定，该合同中有关劳动合同期限的约定无效。据此，驳回原告无线电厂的诉讼请求。

无线电厂不服一审判决，向湖北省宜昌市中级人民法院提起上诉。宜昌市中级人民法院认为：全员劳动合同制实施细则中虽然有合同制职工应与无线电厂签订5—10年劳动合同的规定，但同时也规定如果本人自愿，职工可与无线电厂签订短期劳动合同，也可不与无线电厂签订劳动合同。因此，无线电厂与4名被上诉人签订为期2年的劳动合同，并不违背该实施细则的规定。无线电厂与4名被上诉人签订的2年期限劳动合同，是有效的。一审以不是被上诉人真实意思表示，违背了实施细则的规定为由，认定该劳动合同中关于期限的约定无效，是错误的。

劳动合同期满后，双方都未提出终止或续订劳动合同，劳动者继续提供劳动，用人单位继续提供工作条件和报酬，这是在原劳动合同的基础上形成的事实劳动关系。湖北省劳动厅在鄂劳力〔1995〕184号《关于全面实行劳动合同制若干问题的处理意见》第20条规定："劳动合同期满双方同意续延劳动关系的，应当续签劳动合同，没有及时续签又未办理终止手续形成事实劳动关系的，视为续订劳动合同，期限同前一劳动合同期限。"按照这个文件的规定，上诉人无线电厂应当与4名被上诉人续签劳动合同。如果双方不能达成续签劳动合同的协议，则对从1997年8月1日起存在的事实劳动关系，视为续订了为期2年的劳动合同，至1999年8月1日期满即行终止。一审判决双方补签2—7年期限的劳动合同，于法无据，应当纠正。综上，判决撤销一审民事判决，确认无线电厂与4名被上诉人之间存在续订劳动合同关系。

【法条指引】

中华人民共和国劳动合同法（节录）

第二条 中华人民共和国境内的企业、个体经济组织、民办非企业单位等组织（以下称用人单位）与劳动者建立劳动关系，订立、履行、变更、解除或者终止劳动合同，适用本法。

国家机关、事业单位、社会团体和与其建立劳动关系的劳动者，订立、履行、变更、解除或者终止劳动合同，依照本法执行。

第三条 订立劳动合同，应当遵循合法、公平、平等自愿、协商一致、诚实信用的原则。

依法订立的劳动合同具有约束力，用人单位与劳动者应当履行劳动合同约定的义务。

第五条 县级以上人民政府劳动行政部门会同工会和企业方面代表，

建立健全协调劳动关系三方机制,共同研究解决有关劳动关系的重大问题。

第六条 工会应当帮助、指导劳动者与用人单位依法订立和履行劳动合同,并与用人单位建立集体协商机制,维护劳动者的合法权益。

第二节 劳动合同的订立

【规则要点】

劳动合同的订立应当遵循合法、公平、平等自愿、协商一致、诚实信用的原则,并必须包含法律规定的条款,如用人单位的名称、住所和法定代表人或者主要负责人;劳动者的姓名、住址和居民身份证或者其他有效身份证件号码;劳动合同期限;工作内容和工作地点;工作时间和休息休假;劳动报酬;社会保险;劳动保护、劳动条件和职业危害防护;以及法律、法规规定应当纳入劳动合同的其他事项。

【理解与适用】

一、订立劳动合同的原则

根据劳动合同法的规定,订立劳动合同,应当遵循合法、公平、平等自愿、协商一致、诚实信用的原则。

(一) 合法原则

合法原则要求用人单位和劳动者在订立劳动合同时应遵守国家法律、行政法规的规定。具体而言:首先,劳动合同的双方当事人必须具备法定资格。劳动合同的劳动者一方要有劳动权利能力和劳动行为能力,而用人单位作为劳动合同的另一方当事人,必须以单位的名义与劳动者签订合同,而不能以单位内部的职能科室等名义与劳动者签订劳动合同。劳动合同法规定的用人单位设立的分支机构,依法取得营业执照或者登记证书的,可以作为用人单位与劳动者订立劳动合同;未依法取得营业执照或者登记证书的,受用人单位委托可以与劳动者订立劳动合同。其次,劳动合同的内容必须合法。劳动合同的双方当事人在确定具体的劳动权利义务时，不能违背相关法律、法规的规定，如根据劳动合同法的规定，同一用人单位与同一劳动者只能约定一次试用期，且劳动合同法根据劳动期限的长短对试用期的长短作出了严格的限制，如果用人单位与劳动者签订的劳动合同中对试用期的约定不符合上述规定，其约定即视为无效。另外，劳动合同的形式应当合法。劳动合同需要以书面形式订立，这是劳动合同法对劳动合同形式的要求。

（二）公平原则

公平原则是指劳动合同的内容应当公平、合理。即在符合法律的强制性规定的前提下，劳动合同双方当事人的权利义务要公平合理，要大体上平衡。尤其是用人单位，不能滥用自己的优势地位，损害劳动者的权利。

（三）平等自愿、协商一致原则

平等即合同双方当事人的法律地位平等；自愿原则要求订立合同时对合同相对方的选择和合同内容的协商，必须具有当事人的自由意志，是当事人真实意思表示；协商一致是指在订立合同的过程中，劳动合同订立与否、劳动合同内容如何，应当在双方当事人以协商的方式达成一致意见的基础上确定。

（四）诚实信用原则

诚实信用原则要求当事人在订立、履行合同过程中都要诚实、讲信用。如用人单位招用劳动者时，应当如实告知劳动者工作内容、工作条件、工作地点、职业危害、安全生产状况、劳动报酬，以及劳动者要求了解的其他情况；用人单位有权了解劳动者与劳动合同直接相关的基本情况，劳动者应当如实说明。

二、劳动合同的形式

劳动合同法明确规定，建立劳动关系，应当订立书面劳动合同。据此，劳动合同应当采取书面形式订立。

根据劳动合同法的相关规定，形成劳动关系而没有签订劳动合同的，按以下原则处理：

（一）用人单位自用工之日起即与劳动者建立劳动关系

即使用人单位没有与劳动者订立书面劳动合同，只要存在用工行为，这个用人单位与劳动者之间的劳动关系即已建立，劳动者即享有劳动法律规定的权利。

（二）已建立劳动关系，未同时订立书面劳动合同的，应当自用工之日起1个月内订立书面劳动合同

只要在用工之日起1个月内订立了书面劳动合同，其行为即不违法。自用工之日起1个月内，经用人单位书面通知后，劳动者不与用人单位订立书面劳动合同的，用人单位应当书面通知劳动者终止劳动关系，且无须向劳动者支付经济补偿，但是应当依法向劳动者支付其实际工作时间的劳动报酬。

（三）用人单位未在用工的同时订立书面劳动合同，与劳动者约定的劳动报酬不明确的，新招用的劳动者的劳动报酬按照集体合同规定的标准执行；没有集体合同或者集体合同未规定的，实行同工同酬

（四）超过1个月不满1年未签订书面劳动合同的，用人单位应承担相应责任

用人单位自用工之日起超过1个月不满1年未与劳动者订立书面劳动合同的，应当依照劳动合同法的相关规定，向劳动者每月支付2倍的工资，并与劳动者补签书面劳动合同；劳动者不与用人单位签订书面劳动合同的，用人单位应当书面通知劳动者终止劳动关系，并依照劳动合同法的规定支付经济补偿，即按劳动者在本单位工作的年限，每满1年支付1个月工资的标准向劳动者支付。6个月以上不满1年的，按1年计算；不满6个月的，向劳动者支付半个月工资的经济补偿。若劳动者月工资高于用人单位所在直辖市、设区的市级人民政府公布的本地区上年度职工月平均工资3倍的，向其支付经济补偿的标准按职工月平均工资3倍的数额支付，向其支付经济补偿的年限最高不超过12年。

注意，这里规定的用人单位向劳动者每月支付2倍工资的起算时间为用工之日起满1个月的次日，截止时间为补签书面劳动合同的前1日。用人单位向劳动者支付经济补偿的月工资是指劳动者在劳动合同解除或者终止前12个月的平均工资。

（五）超过1年未签订书面劳动合同的，用人单位应承担相应责任

用人单位自用工之日起满1年未与劳动者订立书面劳动合同的，视为自用工之日起满1年的当日已经与劳动者订立无固定期限劳动合同，应当

立即与劳动者补签书面合同。

三、劳动合同的内容

劳动合同的内容,即劳动合同条款,是指劳动合同中对当事人双方的权利和义务的具体规定,其内容包括法定条款和约定条款两大部分。

(一)法定条款

法定条款是指依照法律规定劳动合同应当具备的条款。根据劳动合同法的规定,劳动合同应当具备以下主要条款:

1. 用人单位基本情况

主要包括用人单位的名称、住所和法定代表人或者主要负责人等。这一条款内容的目的是明确劳动合同中用人单位一方的主体资格。

2. 劳动者基本情况

主要包括劳动者的姓名、住址和居民身份证或者其他有效身份证件号码。这一条款内容的目的是明确劳动合同中劳动者一方的主体资格。

3. 劳动合同期限

劳动合同期限,指劳动合同的有效期间,即劳动权利义务关系的存续期限。劳动合同的期限分为有固定期限、无固定期限和以完成一定的工作为期限3种,用人单位和劳动者协商一致后可以选择其中一种合同期限。

需要注意的是,有下列情形之一,劳动者提出或者同意续订、订立劳动合同的,除劳动者提出订立固定期限劳动合同外,应当订立无固定期限劳动合同:

(1)劳动者在该用人单位连续工作满10年的;

(2)用人单位初次实行劳动合同制度或者国有企业改制重新订立劳动合同时,劳动者在该用人单位连续工作满10年且距法定退休年龄不足10年的;

(3)连续订立2次固定期限劳动合同,且劳动者没有劳动合同法规定的相关情形,续订劳动合同的。

这里的"劳动合同法规定的相关情形"包括:劳动者在试用期间被证明不符合录用条件的;劳动者严重违反用人单位的规章制度的;劳动者严重失职,营私舞弊,给用人单位造成重大损害的;劳动者同时与其他用人单位建立劳动关系,对完成本单位的工作任务造成严重影响,或者经用人单位提出，拒不改正的；劳动者因以欺诈、胁迫的手段或者乘人之危，使用人单位在违背真实意思的情况下订立或者变更劳动合同致使劳动合同无效的；劳动者被依法追究刑事责任的；劳动者患病或者非因工负伤，在规定的医疗期满后不能从事原工作，也不能从事由用人单位另行安排的工作的；劳动者不能胜任工作，经过培训或者调整工作岗位，仍不能胜任工作的；等等。

4. 工作内容和工作地点

工作内容是指劳动者应为用人单位提供的劳动，包括工作岗位、工作任务和要求。这是劳动者履行劳动合同的主要义务，须在合同中加以明确规定。劳动合同中必须明确工作岗位，即劳动者进入用人单位后的工作或职务，这也与法律规定的有关解除劳动合同的条件密切相关。至于工作任务和要求，应视用人单位的具体情况作出详细的或者原则性的规定。

工作地点是劳动合同的履行地，即劳动者从事劳动合同中所规定的工作内容的地点。劳动者有权在与用人单位建立劳动关系时知悉自己的工作地点。

5. 工作时间和休息休假

工作时间是指劳动者用来完成其所担负的工作任务的时间。工作时间包括工作时间的长短、工作时间方式的确定。劳动合同约定的工作时间，应当遵守劳动法及相关法律法规的规定。

休息休假是指劳动者按规定不必进行工作而可以自行支配的时间。用人单位在与劳动者约定休息休假事项时，应当遵守劳动法及相关法律法规的规定。

6. 劳动报酬

劳动报酬是指劳动者参加社会劳动，按约定的标准从用人单位取得的劳动收入。按约定向劳动者支付报酬是用人单位的一项基本义务。劳动者的劳动报酬主要以货币的形式实现，其中工资是劳动报酬的基本形式，奖金与津贴也是劳动报酬的重要组成部分。在劳动合同中应当明确约定工资标准或工资的计算办法，工资的支付方式，奖金、津贴的获得条件及标准。

7. 社会保险

社会保险一般包括医疗保险、养老保险、失业保险、工伤保险和生育保险。社会保险由国家强制实施,因此成为劳动合同中不可缺少的内容。

8. 劳动保护、劳动条件和职业危害防护

劳动保护是指用人单位为了保障劳动者在劳动过程中的身体健康与生命安全、预防伤亡事故和职业病的发生,而采取的有效措施。在劳动保护方面,凡是有国家标准的,用人单位必须按照国家标准执行,劳动合同约定的标准只能高于国家标准而不得低于国家标准;国家没有规定标准的,劳动合同中的约定标准以不使劳动者的生命安全受到威胁、身体健康受到侵害为前提条件。

劳动条件是指劳动者完成劳动任务的必要条件。用人单位在保证提供必要的劳动条件下,才能要求劳动者完成所给付的劳动任务。因此,劳动条件也是劳动合同中必不可少的内容。特别是劳动过程需要对劳动条件特别要求的,双方当事人应在劳动合同中明确具体地加以规定,以避免劳动纠纷的发生,同时也有利于用人单位生产、经营及管理计划的实现。劳动法、安全生产法以及其他生产领域的特别法,都对用人单位的劳动保护和劳动条件作出了明确规定,并形成了一整套安全生产标准体系。

职业危害是指劳动者在职业活动中,因接触职业性有害因素,如粉尘、放射性物质和其他有毒、有害因素等而对生命健康所引起的危害。职业病防治法要求用人单位与劳动者订立劳动合同(含聘用合同)时,应当将工作过程中可能产生的职业病危害及其后果、职业病防护措施和待遇等如实告知劳动者,并在劳动合同中写明,不得隐瞒或者欺骗。

9. 法律、法规规定应当纳入劳动合同的其他事项

(二)约定条款

约定条款是指双方当事人在劳动合同中协商议定的条款。除上述法定条款外,劳动合同的双方当事人可根据实际需要在协商一致的基础上,约定其他补充条款。约定条款的内容只要不违反法律、法规的规定,同法定条款一样,对当事人具有法定约束力。根据劳动合同法的规定,劳动合同除法律规定的必备条款外,用人单位与劳动者可以约定试用期、培训、保守秘密、补充保险和福利待遇等其他事项。

1. 试用期条款

试用期是用人单位和劳动者为相互了解、选择而依法约定的考察期。试用期多规定于初次就业、新上岗劳动者的劳动合同中。约定试用期的目

的是考察劳动者是否符合录用条件，用人单位所介绍的劳动条件是否符合实际情况，从而使劳动者和用人单位在试用期内对彼此的情况作进一步的了解，在此基础上作出是否履行或解除劳动合同的决定。

用人单位与劳动者约定试用期限应当遵守以下规定：

（1）试用期应包含在合同期限内

不能只约定试用期而不约定合同期限。劳动合同仅约定试用期的，试用期不成立，该期限为劳动合同期限。

（2）只能约定一次试用期

同一用人单位与同一劳动者就同一岗位只能约定一次试用期。对初次就业或再就业时改变劳动岗位的劳动者，劳动合同可以约定试用期；对工作岗位没有发生变化的同一劳动者，用人单位只能试用一次。

（3）试用期最长不得超过6个月

劳动合同期限3个月以上不满1年的，试用期不得超过1个月；劳动合同期限1年以上不满3年的，试用期不得超过2个月；3年以上固定期限和无固定期限的劳动合同，试用期不得超过6个月。以完成一定工作任务为期限的劳动合同或者劳动合同期限不满3个月的，不得约定试用期。

试用期的法律意义表现在合同解除、最低工资的保护等若干方面，具体表现为：①劳动合同的双方当事人可以在试用期内解除劳动合同。劳动者行使该权利时须提前3日通知用人单位，用人单位则须证明劳动者不符合录用条件或具有其他法定的解除劳动合同的情形，才可以解除合同，且用人单位在试用期内解除劳动合同的，应当向劳动者说明理由。②试用期内的工资不得低于本单位相同岗位最低档工资或者劳动合同约定工资的80%，并不得低于用人单位所在地的最低工资标准，等等。

2. 服务期条款

用人单位为劳动者提供专项培训费用，对其进行专业技术培训的，可以与该劳动者订立协议，约定服务期。劳动者应当为用人单位服务满约定的期限，在此期限内劳动者不能单方解除劳动合同。

劳动合同法规定，劳动者违反服务期约定的，应当按照约定向用人单位支付违约金。违约金的数额不得超过用人单位提供的培训费用。用人单位要求劳动者支付的违约金不得超过服务期尚未履行部分所应分摊的培训费用。用人单位与劳动者约定服务期的，不影响按照正常的工资调整机制提高劳动者在服务期期间的劳动报酬。这里的培训费用，包括用人单位为了对劳动者进行专业技术培训而支付的有凭证的培训费用、培训期间的差旅费用以及因培训产生的用于该劳动者的其他直接费用。劳动合同法实施条例规定，劳动合同期满，但是用人单位与劳动者依照劳动合同法的规定约定的服务期尚未到期的，劳动合同应当续延至服务期满；双方另有约定的，从其约定。另外，用人单位与劳动者约定了服务期，劳动者依照劳动合同法的规定因用人单位过错而解除劳动合同的，不属于违反服务期的约定，用人单位不得要求劳动者支付违约金。

有下列情形之一，用人单位与劳动者解除约定服务期的劳动合同的，劳动者应当按照劳动合同的约定向用人单位支付违约金：

（1）劳动者严重违反用人单位的规章制度的；

（2）劳动者严重失职，营私舞弊，给用人单位造成重大损害的；

（3）劳动者同时与其他用人单位建立劳动关系，对完成本单位的工作任务造成严重影响，或者经用人单位提出，拒不改正的；

（4）劳动者以欺诈、胁迫的手段或者乘人之危，使用人单位在违背真实意思的情况下订立或者变更劳动合同的；

（5）劳动者被依法追究刑事责任的。

3. 保密事项条款

用人单位与劳动者可以在劳动合同中约定保守用人单位的商业秘密和与知识产权相关的保密事项。根据劳动法的规定，劳动者违反劳动合同中约定的保密事项，对用人单位造成经济损失的，应当依法承担赔偿责任。

4. 补充保险

补充保险是指除了基本社会保险以外，用人单位根据自己的实际情况为劳动者建立的一种社会保险。补充保险由用人单位自愿实行，国家不作强制的统一规定，用人单位在参加基本保险并按时足额缴纳基本保险费的前提下，可以实行补充保险。

5. 福利待遇

福利待遇是用人单位根据自己的实际情况给予劳动者的福利，主要包括住房补贴、通信补贴、交通补贴、子女教育等。

6. 竞业限制条款

竞业限制条款是限制劳动者在合同关系消灭后的一定期间内参与或者

从事与原用人单位同业竞争的活动，以保守原用人单位的商业秘密的合同条款。竞业限制条款一般包括竞业限制的具体范围、竞业限制的期限、补偿费的数额及支付方法、违约责任等内容。

劳动合同法规定，对负有保密义务的劳动者，用人单位可以在劳动合同或者保密协议中与劳动者约定竞业限制条款，并约定在解除或者终止劳动合同后，在竞业限制期限内按月给予劳动者经济补偿。劳动者违反竞业限制约定的，应当按照约定向用人单位支付违约金。竞业限制的人员限于用人单位的高级管理人员、高级技术人员和其他负有保密义务的人员。竞业限制的范围、地域、期限由用人单位与劳动者约定，竞业限制的约定不得违反法律、法规的规定。在解除或者终止劳动合同后，竞业限制的人员到与本单位生产或者经营同类产品、从事同类业务的有竞争关系的其他用人单位，或者自己开业生产或者经营同类产品、从事同类业务的竞业限制期限，不得超过2年。

7. 违约金和赔偿金条款

考虑到劳动者的弱势地位，其承担赔偿责任的能力极为有限，且用人单位的优势地位也很容易让劳动者处于"违约"状态，大多数国家的立法并未规定违约金条款。我国劳动合同法明确规定，通过劳动合同对劳动者的违约行为约定违约金，只存在三种情形，即服务期限、保守商业秘密和竞业限制。除此之外，用人单位不得与劳动者约定由劳动者承担违约金。就赔偿金而言，劳动合同法明确规定，劳动合同依法被确认无效，给对方造成损害的，有过错的一方应当承担赔偿责任。此外，劳动者违反劳动合同法的规定解除劳动合同，或者违反劳动合同中约定的保密义务或者竞业限制，给用人单位造成损失的，应当承担赔偿责任。

此外，现实生活中劳动岗位的复杂性和多变性，决定了劳动合同的条款不可能千篇一律，法律对劳动合同的条款也不可能穷尽，因此当事人可以根据自身情况和特殊需求，具体约定劳动合同的条款。这些条款在不违反法律精神和原则的前提下均受法律保护，对双方当事人具有同样的约束力。

四、在订立劳动合同的过程中应注意的其他问题

双方当事人在订立劳动合同的过程中，不仅要使合同的形式、内容符合法律、法规的相关规定，还要注意如下几点：

1. 用人单位招用劳动者时，应当如实告知劳动者工作内容、工作条件、工作地点、职业危害、安全生产状况、劳动报酬,以及劳动者要求了解的其他情况。

2. 用人单位有权了解劳动者与劳动合同直接相关的基本情况,劳动者应当如实说明,如劳动者本人的身份证和学历、就业状况、工作经历、职业技能、健康状况等。

3. 用人单位招用劳动者,不得扣押劳动者的居民身份证和其他证件,不得要求劳动者提供担保或者以其他名义向劳动者收取财物。

4. 用人单位与劳动者在用工前订立劳动合同的,劳动关系自用工之日起建立,劳动合同期限、试用期、劳动报酬、经济补偿金等,均从用工之日起计算。

5. 用人单位自用工之日起即与劳动者建立劳动关系,用人单位应当建立职工名册备查。职工名册应当包括劳动者姓名、性别、公民身份号码、户籍地址,以及现住址、联系方式、用工形式、用工起始时间、劳动合同期限等内容。

【风险提示】

用人单位自用工之日起满1年不与劳动者订立书面劳动合同的,视为用人单位与劳动者已订立无固定期限劳动合同。

用人单位在确定工资条款时要特别注意,工资的约定标准不得低于当地最低工资标准,也不得低于本单位集体合同中规定的最低工资标准。

【相关案例】

广州市百分百广告有限公司与吴某某劳动争议案

吴某某于1999年1月3日入职广州市百分百广告有限公司(以下简称百分百广告公司)。双方2008年的劳动合同直至2008年4月23日才订立。吴某某2007年1月、2月的工资分别为3488元、3500元;2007年3月至2008年6月期间的工资为4300元/月。从2008年7月起,百分百广告公司将吴某某的工资调整为3500元/月。对此,百分百广告公司主张因吴某某工作能力差,故将吴某某的工作岗位由行政副总监调整为媒介执行,根据易岗易薪原则,将吴某某的工资调整为3500元/月。吴某某否认该主张,辩称百分百广告公司无故调整其工资数额。因此,吴某某向广州市越秀区劳动争议仲裁委员会申请仲裁,广州市越秀区劳动争议仲裁委员会作出仲裁,要求百分百广告公司支付吴某某2008年7月1日至2008年8月30日期间的工资8600元。百分百广告公司不服并提起诉讼。法院认为,订立和变更劳动合同,应当遵循平等自愿、协商一致的原则,不得违反法律、行政法规的规定。双方已签订劳动合同,依法建立劳动关系,故双方当事人应严格按照双方劳动合同的约定条款执行。百分百广告公司主张因吴某某工作能力差,故将吴某某的工作岗位由行政副总监调整为媒介执行,百分百广告公司有权将吴某某的工资调整为3500/月,但由于百分百广告公司未能提供吴某某工作能力差的证据,因此,百分百广告公司将吴某某的月工资调整为3500元的行为已属于单方面变更双方劳动合同的情形。因吴某某在2008年7—8月均为百分百广告公司提供正常劳动,故百分百广告公司应按4300元/月的标准支付吴某某两个月工资8600元。

【法条指引】

中华人民共和国劳动合同法（节录）

第十二条 劳动合同分为固定期限劳动合同、无固定期限劳动合同和以完成一定工作任务为期限的劳动合同。

第十三条 固定期限劳动合同,是指用人单位与劳动者约定合同终止时间的劳动合同。

用人单位与劳动者协商一致,可以订立固定期限劳动合同。

第十四条 无固定期限劳动合同,是指用人单位与劳动者约定无确定终止时间的劳动合同。

用人单位与劳动者协商一致,可以订立无固定期限劳动合同。有下列情形之一,劳动者提出或者同意续订、订立劳动合同的,除劳动者提出订立固定期限劳动合同外,应当订立无固定期限劳动合同:

（一）劳动者在该用人单位连续工作满十年的;

（二）用人单位初次实行劳动合同制度或者国有企业改制重新订立劳动合同时,劳动者在该用人单位连续工作满十年且距法定退休年龄不足十年的；

（三）连续订立二次固定期限劳动合同，且劳动者没有本法第三十九条和第四十条第一项、第二项规定的情形，续订劳动合同的。

用人单位自用工之日起满一年不与劳动者订立书面劳动合同的，视为用人单位与劳动者已订立无固定期限劳动合同。

第十五条 以完成一定工作任务为期限的劳动合同，是指用人单位与劳动者约定以某项工作的完成为合同期限的劳动合同。

用人单位与劳动者协商一致，可以订立以完成一定工作任务为期限的劳动合同。

第十七条 劳动合同应当具备以下条款：

（一）用人单位的名称、住所和法定代表人或者主要负责人；

（二）劳动者的姓名、住址和居民身份证或者其他有效身份证件号码；

（三）劳动合同期限；

（四）工作内容和工作地点；

（五）工作时间和休息休假；

（六）劳动报酬；

（七）社会保险；

（八）劳动保护、劳动条件和职业危害防护；

（九）法律、法规规定应当纳入劳动合同的其他事项。

劳动合同除前款规定的必备条款外，用人单位与劳动者可以约定试用期、培训、保守秘密、补充保险和福利待遇等其他事项。

第十八条 劳动合同对劳动报酬和劳动条件等标准约定不明确，引发争议的，用人单位与劳动者可以重新协商；协商不成的，适用集体合同规定；没有集体合同或者集体合同未规定劳动报酬的，实行同工同酬；没有集体合同或者集体合同未规定劳动条件等标准的，适用国家有关规定。

第三节　劳动合同的法律效力

【规则要点】

劳动合同由用人单位与劳动者协商一致，并经用人单位与劳动者在劳动合同文本上签字或者盖章生效。但违反法律、行政法规的劳动合同以及采取欺诈、威胁等手段订立的劳动合同无效。

【理解与适用】

一、劳动合同的生效

根据劳动合同法的相关规定，劳动合同由用人单位与劳动者协商一致，并经用人单位与劳动者在劳动合同文本上签字或者盖章生效。理论上，劳动合同的生效需要具备以下四个要件：

1. 订立合同的主体合法；

2. 合同的内容和形式合法；

3. 订立合同的程序合法；

4. 双方当事人的意思表示必须真实。

劳动合同生效后，双方当事人在享受合同所约定的权利的同时，需要亲自全面地履行劳动合同所规定的义务，合同的变更和解除也必须遵循法定的条件和程序，任何一方当事人都不得擅自变更和解除合同，否则当事人必须依法承担相应责任。此外，双方当事人若因劳动合同发生争议，必须以法定的方式解决。

二、劳动合同的无效

无效劳动合同是指当事人违反法律、法规或者违背平等、自愿原则签订的对当事人全部或部分不产生法律约束力的劳动合同。根据劳动法和劳动合同法规定，下列劳动合同无效或者部分无效：

1. 以欺诈、胁迫的手段或者乘人之危，使对方在违背真实意思的情况下订立或者变更劳动合同的

采取欺诈、胁迫或者乘人之危等手段订立的劳动合同，违反了平等自愿、协商一致的订立劳动合同的原则，对此类劳动合同，不仅要宣告合同无效，还应当追究过错方当事人的法律责任。

2. 用人单位免除自己的法定责任、排除劳动者权利的劳动合同

如有的劳动合同规定："发生工伤事故，单位概不负责。"此条款即属于用人单位免除自己的法定责任、排除劳动者权利的无效条款。

3. 劳动合同违反法律、行政法规强制性规定的

劳动合同违反法律、行政法规强制性规定的情形主要包括：

（1）劳动合同的主体资格不合法

如劳动者一方未达到法定就业年龄，不具有劳动权利能力和劳动行为能力而与用人单位订立的劳动合同。

（2）劳动合同的内容不合法

凡是违背国家法律、行政法规相关规定的条款，均属于无效条款，如违反工时休假制度、安全卫生标准、最低工资标准等规定的劳动合同条款，均属于内容不合法。

无效的劳动合同，按照其无效程度，可以分为全部无效和部分无效两种。全部无效是指合同整体无效。如劳动合同的内容全部不符合国家法律、行政法规的要求，因而全部条款均为无效条款；或者主体不合格及采取欺诈、胁迫等手段签订的劳动合同均为全部无效合同。部分无效是指劳动合同中某些条款违反国家法律、行政法规的规定，但并不影响其他条款的履行，只须认定该条款无效，其余条款仍为有效。

中国承认部分无效的劳动合同，如根据劳动法的规定，无效的劳动合同，从订立的时候起，就没有法律约束力。确认劳动合同部分无效的，如果不影响其余部分的效力，其余部分仍然有效。根据劳动合同法，劳动合同部分无效，不影响其他部分效力的，其他部分仍然有效。

根据劳动法及劳动合同法的规定，对劳动合同的无效或者部分无效有争议的，由劳动争议仲裁机构或者人民法院确认。也就是说，在中国，无效劳动合同的确认机关只能是劳动争议仲裁机构或者人民法院。其具体操作程序是，应首先由劳动争议仲裁机构确认，在当事人不服劳动争议仲裁机构的确认而依法提起诉讼的条件下，才由人民法院确认。

对无效劳动合同的处理，根据劳动合同的特殊性，一般采取的措施主要有撤销合同、修改合同和赔偿损失。

1. 撤销合同

撤销合同针对的是全部无效的劳动合同，确认其无效并予以撤销的法律行为。劳动合同的无效应追溯自劳动合同成立之时，即从合同订立的时候起就没有法律约束力。劳动合同被整体确认无效，没有履行的，不得履行；正在履行的，要停止履行；对于已经履行的部分，即劳动者已经付出

劳动的，应得到相应的劳动报酬。根据劳动合同法，劳动合同被确认无效，劳动者已付出劳动的，用人单位应当向劳动者支付劳动报酬。劳动报酬的数额，参照本单位相同或者相近岗位劳动者的劳动报酬确定。

2. 修改合同

修改合同的处理方式适用于被确认部分无效的劳动合同。劳动合同的部分条款被确认无效，并不影响其余部分的效力，对其无效的部分予以修改使其合法有效即可。修改后的合同条款应具有溯及力，溯及该合同生效之时。

3. 赔偿损失

根据劳动合同法的规定，劳动合同依法被确认无效，给对方造成损害的，有过错的一方应当承担赔偿责任。

【风险提示】

用人单位与劳动者可以约定试用期，试用期包含在劳动合同期限内。劳动合同仅约定试用期的，试用期不成立，该期限为劳动合同期限。劳动者在试用期的工资不得低于本单位相同岗位最低档工资或者劳动合同约定工资的80%，并不得低于用人单位所在地的最低工资标准。

【相关案例】

郭某某诉江苏益丰大药房连锁有限公司劳动争议案

原告郭某某系江苏广播电视大学药学专业2008届毕业生，于2008年7月毕业。2007年10月26日，原告郭某某向被告江苏益丰大药房连锁有限公司（以下简称益丰公司）进行求职登记，并在被告益丰公司的求职人员登记表中登记其为南京市莫愁职业高级中学2008届毕业生，2007年是其实习年。2007年10月30日，原告与被告签订劳动合同书1份，期限3年，从2007年10月30日起至2010年12月30日止。2008年7月21日，被告向南京市白下区劳动争议仲裁委员会提出仲裁申请，请求确认其与原告之间的劳动关系不成立。南京市白下区劳动争议仲裁委员会以原告系在校学生，不符合就业条件，不具有建立劳动关系的主体资格，故被告与原告之间的争议,不属于劳动争议处理范围为由,决定终结了被告诉原告的仲裁活动。

南京市白下区人民法院一审认为:首先,判断原告郭某某与被告益丰公司签订的劳动合同是否有效,要看原告郭某某是否具备劳动关系的主体资格。原告与被告益丰公司签订劳动合同时已年满19周岁,符合劳动法规定的就业年龄,具备与用工单位建立劳动关系的行为能力和责任能力。原劳动部《关于贯彻执行〈中华人民共和国劳动法〉若干问题的意见》(以下简称意见)第4条仅规定了公务员和比照实行公务员制度的事业组织和社会团体的工作人员,以及农村劳动者、现役军人和家庭保姆不适用劳动法,并未将在校学生排除在外,学生身份并不当然限制郭某某作为普通劳动者加入劳动力群体。意见第12条规定:"在校生利用业余时间勤工助学,不视为就业,未建立劳动关系,可以不签订劳动合同。"该条规定仅适用于在校生勤工助学的行为,并不能由此否定在校生的劳动权利,推定出在校生不具备劳动关系的主体资格。综上所述,法律并无明文规定在校生不具备劳动关系的主体资格,故原告能够成为劳动关系的主体。

其次,原告郭某某于被告益丰公司处劳动的行为不属于意见第12条规定的情形。该条规定针对的是学生仍以在校学习为主,不以就业为目的,利用业余时间在单位进行社会实践打工补贴学费、生活费的情形。本案中,郭某某的情形显然不属于勤工助学或实习。郭某某在登记求职时,已完成了全部学习任务,明确向益丰公司表达了求职就业愿望,双方签订了劳动合同书。郭某某在与益丰公司签订劳动合同后,也按照规定内容为益丰公司付出劳动,益丰公司向郭某某支付劳动报酬,并对其进行管理,这完全符合劳动关系的本质特征。

最后,原告郭某某签约时虽不具备被告益丰公司要求的录用条件,但郭某某在填写益丰公司求职人员登记表时,明确告知了益丰公司其系2008届毕业生,2007年是学校规定的实习年,自己可以正常上班,但尚未毕业。益丰公司对此情形完全知晓,双方在此基础上就应聘、录用达成一致意见,签订劳动合同。因此,劳动合同的签订是双方真实意思的表示,不存在欺诈、隐瞒事实或胁迫等情形,并没有违反法律、行政法规的规定,且郭某某已于2008年7月取得毕业证书,益丰公司辩称郭某某不符合录用条件的理由也不能成立。综上所述,原告郭某某与被告益丰公司存在劳动关系，双方签订的劳动合同合法、有效，对双方均具有法律约束力。

益丰公司不服一审判决，向南京市中级人民法院提起上诉，二审法院驳回上诉，维持原判。

【法条指引】

中华人民共和国劳动合同法（节录）

第十六条　劳动合同由用人单位与劳动者协商一致，并经用人单位与劳动者在劳动合同文本上签字或者盖章生效。

劳动合同文本由用人单位和劳动者各执一份。

第二十六条　下列劳动合同无效或者部分无效：

（一）以欺诈、胁迫的手段或者乘人之危，使对方在违背真实意思的情况下订立或者变更劳动合同的；

（二）用人单位免除自己的法定责任、排除劳动者权利的；

（三）违反法律、行政法规强制性规定的。

对劳动合同的无效或者部分无效有争议的，由劳动争议仲裁机构或者人民法院确认。

第二十七条　劳动合同部分无效，不影响其他部分效力的，其他部分仍然有效。

第二十八条　劳动合同被确认无效，劳动者已付出劳动的，用人单位应当向劳动者支付劳动报酬。劳动报酬的数额，参照本单位相同或者相近岗位劳动者的劳动报酬确定。

第四节　劳动合同的履行与变更

【规则要点】

用人单位与劳动者应当按照劳动合同的约定，全面履行各自的义务。用人单位与劳动者协商一致，可以变更劳动合同约定的内容。

【理解与适用】

一、劳动合同的履行

劳动合同的履行，即劳动合同的双方当事人按照合同约定完成各自义务的行为。根据劳动合同法的规定，用人单位与劳动者应当按照劳动合同的约定，全面履行各自的义务。这要求劳动合同的双方当事人在履行劳动合同的过程中应当遵守全面履行原则，既要全面履行法定条款规定的义务，也要全面履行协商条款约定的义务，具体而言，劳动者一方应按照法律与合同规定的时间、地点和方式，保质保量地完成劳动任务；用人单位一方则应全面按照法律和合同规定，向劳动者提供法律保护条件、劳动条件及劳动报酬和福利待遇等。此外，由于劳动合同的特殊性，劳动合同的履行还要遵循实际履行原则，即双方当事人都必须亲自履行合同义务，而不能由第三人代替履行。

劳动合同法还规定了劳动合同履行的一些特殊情形：

1. 用人单位变更名称、法定代表人、主要负责人或者投资人等事项，不影响劳动合同的履行。也就是说，在用人单位名称、法定代表人、主要负责人或者投资人等事项发生变更的情况下，原有的劳动合同的效力不受此影响而继续有效。

2. 用人单位发生合并或者分立等情况，原劳动合同继续有效，劳动合同由承继其权利和义务的用人单位继续履行。

另外，需要注意的是，对于劳动合同中内容不明确的条款，应依法确定其具体内容之后再予以履行。

二、劳动合同的变更

劳动合同的变更，是指劳动合同双方当事人就已经订立的合同条款达成修改或补充协议的法律行为。一般而言，劳动合同签订后双方当事人应遵守诚实信用原则，认真、全面地履行劳动合同，不得随意更改，但由于一些情况的变化导致合同难以继续履行时，法律允许双方当事人在协商一致的基础上变更合同。当然，劳动合同的变更仅限于劳动合同内容上的变更，而不可能是合同主体的变更。

根据劳动法的规定，变更劳动合同也应当遵循平等自愿、协商一致的原则，不得违反法律、行政法规的规定。根据劳动合同法的规定，用人单位与劳动者协商一致，可以变更劳动合同约定的内容。变更劳动合同，应当采用书面形式。变更后的劳动合同文本由用人单位和劳动者各执一份。

劳动合同的变更同劳动合同的订立一样，是双方当事人的法律行为，提出变更要求的一方须提前通知另一方当事人并取得其同意。变更合同的协议经双方协商一致并同意后，应形成书面协议，由双方当事人签字或盖章，并按原签订劳动合同的程序办理手续后，方为生效。变更合同的协议在未生效之前，原劳动合同应当继续履行，劳动合同依法变更生效后，双方当事人的权利义务应以变更后的劳动合同为准。另外，根据《最高人民法院关于审理劳动争议案件适用法律若干问题的解释（四）》的规定，变更劳动合同未采用书面形式，但已经实际履行了口头变更的劳动合同超过1个月，且变更后的劳动合同内容不违反法律、行政法规、国家政策以及公序良俗，劳动合同的变更将会被认定为有效。

【风险提示】

1. 用人单位应当按照劳动合同约定和国家规定，向劳动者及时足额支付劳动报酬。用人单位拖欠或者未足额支付劳动报酬的，劳动者可以依法向当地人民法院申请支付令。

2. 用人单位应当严格执行劳动定额标准，不得强迫或者变相强迫劳动者加班。用人单位安排加班的，应当按照国家有关规定向劳动者支付加班费。

3. 劳动者拒绝用人单位管理人员违章指挥、强令冒险作业的，不视为违反劳动合同。劳动者对危害生命安全和身体健康的劳动条件，有权对用人单位提出批评、检举和控告。

【相关案例】

乔某某与重庆西部公共交通有限公司劳动合同纠纷案

2012年9月1日，乔某某与重庆西部公共交通有限公司（以下简称公共电车公司）签订书面《劳动合同书》，约定劳动合同期限为2012年9月

1日至2015年8月31日；工作岗位为驾驶员。2012年9月7日，公共电车公司向乔某某收取了初招驾驶员实习安全承诺金2000元，并出具收据。2013年8月，公共电车公司吸收合并重庆第二公共交通有限责任公司及重庆潇洒酒店有限公司，改制重组后更名为西部公交公司。2015年9月1日，乔某某的劳动合同到期后，乔某某与西部公交公司又续签了一份无固定期限劳动合同，劳动合同内容与前一份合同一致。2018年2月28日，西部公交公司向乔某某出具了一份《终止（解除）劳动合同通知书》，载明："根据劳动合同法第39条第2项的规定，解除劳动合同。"当日，双方劳动合同解除。2018年3月22日，乔某某向重庆市渝中区劳动人事争议仲裁委员会申请仲裁，请求裁决西部公交公司退还非法收取的初招驾驶员实习安全承诺金2000元。该仲裁委于2018年4月2日出具编号为2018—450号《证明》，证明本案无《最高人民法院关于审理劳动争议案件适用法律若干问题的解释（二）》第12条第1款所规定情形。乔某某乃以本案请求起诉至法院。法院认为，原被告之间存在劳动关系，应受劳动法及相关法律的调整。劳动合同法第9条规定："用人单位招用劳动者，不得扣押劳动者的居民身份证和其他证件，不得要求劳动者提供担保或者以其他名义向劳动者收取财物。"第34条规定："用人单位发生合并或者分立等情况，原劳动合同继续有效，劳动合同由承继其权利和义务的用人单位继续履行。"本案中，公共电车公司于2012年9月7日收取原告初招驾驶员实习安全承诺金的行为违反了上述法律的规定，应予退还。因公共电车公司合并重庆第二公共交通有限责任公司及重庆潇洒酒店有限公司，改制重组后更名为本案被告，故被告应当承担退还原告初招驾驶员实习安全承诺金2000元。原告的诉讼请求符合法律规定，法院依法予以支持。

【法条指引】

中华人民共和国劳动合同法（节录）

第三十条 用人单位应当按照劳动合同约定和国家规定，向劳动者及时足额支付劳动报酬。

用人单位拖欠或者未足额支付劳动报酬的，劳动者可以依法向当地人民法院申请支付令，人民法院应当依法发出支付令。

第三十一条　用人单位应当严格执行劳动定额标准，不得强迫或者变相强迫劳动者加班。用人单位安排加班的，应当按照国家有关规定向劳动者支付加班费。

第三十二条　劳动者拒绝用人单位管理人员违章指挥、强令冒险作业的，不视为违反劳动合同。

劳动者对危害生命安全和身体健康的劳动条件，有权对用人单位提出批评、检举和控告。

第三十三条　用人单位变更名称、法定代表人、主要负责人或者投资人等事项，不影响劳动合同的履行。

第三十四条　用人单位发生合并或者分立等情况，原劳动合同继续有效，劳动合同由承继其权利和义务的用人单位继续履行。

第三十五条　用人单位与劳动者协商一致，可以变更劳动合同约定的内容。变更劳动合同，应当采用书面形式。

变更后的劳动合同文本由用人单位和劳动者各执一份。

第五节　劳动合同的解除与终止

【规则要点】

用人单位与劳动者协商一致，可以解除劳动合同；劳动者可以提前30日以书面形式通知用人单位解除劳动合同。除此之外，当出现法律规定可以解除劳动合同的情形时，用人单位和劳动者可以解除劳动合同。

【理解与适用】

一、劳动合同的解除

（一）劳动合同解除的概念及分类

劳动合同的解除是指劳动合同签订以后，尚未履行完毕之前，由于一定事由的出现，提前终止劳动合同的法律行为。

劳动法和劳动合同法对劳动合同的解除采取了双方解除（或协议解

除）及单方解除的分类。其中，单方解除又有用人单位的单方解除和劳动者的单方解除之分，用人单位的单方解除包括过错性辞退、非过错性辞退以及经济性裁员（非过错性辞退的一种特例）三种，劳动者的单方解除即劳动者辞职。

（二）劳动合同解除的条件和程序

劳动合同的解除不仅直接关系到劳动者的前途与生活来源，也关系到用人单位的生产秩序与工作秩序，因此，相关法律对劳动合同解除条件和程序作了较为详细的规定。

1. 劳动合同双方解除的条件和程序

用人单位与劳动者协商一致，可以解除劳动合同。即只要劳动合同的一方当事人提出解除合同的要求，另一方表示同意即可解除劳动合同。经双方协商一致解除劳动合同的，一般而言不会发生劳动争议，但用人单位应注意按照法律、法规的相关规定，给劳动者办理劳动合同的解除手续、社会保险的转移手续及给予经济补偿（前提是用人单位首先向劳动者提出解除劳动合同动议）。

2. 用人单位单方解除劳动合同的条件和程序

（1）过错性辞退

过错性辞退也可称为过错性解雇、即时辞退，指用人单位可以不必依法提前预告而立即解除劳动合同的行为。根据劳动法、劳动合同法以及《关于贯彻执行〈中华人民共和国劳动法〉若干问题的意见》的相关规定，适用过错性辞退的情况如下：

① 劳动者在试用期间被证明不符合录用条件的。此处所指的录用条件，必须是法律法规所规定的一般条件以及用人单位在录用劳动者前公布的录用条件，不能包括试用期间以及试用期届满后用人单位自己抬高的录用条件。另外，适用期期限必须符合法律、法规规定，若劳动合同约定的试用期间超出法定最长时间，则以法定最长期限为准；若试用期届满后仍未办理劳动者转正手续，用人单位不能再以试用不合格为由辞退劳动者。

② 劳动者严重违反劳动纪律或严重违反用人单位的规章制度的。此处的劳动纪律应包括国家法律确认的劳动纪律、行业行政主管部门的劳动纪律等。用人单位的规章制度必须是符合法律规定，按照法定程序制定的。根据劳动合同法的规定，用人单位应当依法建立和完善劳动规章制度，保

障劳动者享有劳动权利、履行劳动义务。用人单位在制定、修改或者决定有关劳动报酬、工作时间、休息休假、劳动安全卫生、保险福利、职工培训、劳动纪律以及劳动定额管理等直接涉及劳动者切身利益的规章制度或者重大事项时，应当经职工代表大会或者全体职工讨论，提出方案和意见，与工会或者职工代表平等协商确定。在规章制度和重大事项决定实施过程中，工会或者职工认为不适当的，有权向用人单位提出，通过协商予以修改完善。用人单位应当将直接涉及劳动者切身利益的规章制度和重大事项决定公示，或者告知劳动者。

③ 劳动者严重失职，营私舞弊，给用人单位造成重大损害的。此种情况下必须是劳动者既存在失职行为，同时又给用人单位造成了重大损害后果，二者缺一不可。

④ 劳动者同时与其他用人单位建立劳动关系，对完成本单位的工作任务造成严重影响，或者经用人单位提出，拒不改正的。

⑤ 劳动者以欺诈、胁迫的手段或者乘人之危，使用人单位在违背真实意思的情况下订立或者变更劳动合同，致使劳动合同无效的。

⑥ 劳动者被依法追究刑事责任的。劳动者被依法追究刑事责任不仅包括劳动者因在劳动过程中所为的行为被依法追究刑事责任，也包括在劳动过程以外因其他原因而被追究刑事责任。劳动者涉嫌违法犯罪，被侦查机关拘留或逮捕或者采取其他强制措施的，不属于被追究刑事责任，用人单位不能因此而与劳动者解除合同，在劳动者被限制人身自由期间，用人单位可暂时中止劳动合同的履行，在劳动者被宣告无罪释放后，除劳动合同已经无法继续履行外，劳动合同应当恢复履行。

（2）非过错性辞退

非过错性辞退也可称为用人单位"预告解除""预告辞退"，是指劳动者虽无过错，但由于客观情况发生了变化或劳动者患病、非因公伤残等，用人单位在采取弥补措施无果的情况下，法律赋予用人单位在履行特定的程序后解除劳动合同的权利。

根据劳动法的规定，非过错性辞退的适用情形如下：

① 劳动者患病或者非因工负伤，医疗期满后，不能从事原工作也不能从事由用人单位另行安排的工作的。

这里的"医疗期"，是指企业劳动者因患病或非因工负伤停止工作治病休息,用人单位不得解除劳动合同的时限,而不是劳动者病、伤治愈所实际需要的医疗期。

② 劳动者不能胜任工作,经过培训或者调整工作岗位,仍不能胜任工作的。

这里需要注意,即使劳动者确实不能胜任工作,用人单位也不能立即解除合同,而应当对劳动者进行必要的培训或者调整工作岗位,仍不能胜任工作的,才可以解除劳动合同。

③ 劳动合同订立时所依据的客观情况发生重大变化,致使原劳动合同无法履行,经当事人协商不能就变更劳动合同达成协议的。

需要注意的是,根据劳动法的规定,属于上述解除劳动合同的情形的,用人单位应当提前30日以书面形式通知劳动者本人。根据劳动合同法,在满足特定情形时用人单位须提前30日以书面形式通知劳动者本人才能解除劳动合同,或者在未提前30日以书面形式通知劳动者本人的情况下,须额外支付劳动者1个月工资方可解除劳动合同。

(3) 经济性裁员

经济性裁员是指因经济性原因企业濒临破产,被人民法院宣告进入法定整顿期间,或因生产经营发生严重困难,达到当地政府规定的严重困难企业标准而难以正常经营的状况下,通过裁员以达到增效目的。属于无过错辞退的一种特殊形式。

根据劳动合同法的规定,有下列情形之一,需要裁减人员20人以上或者裁减不足20人但占企业职工总数10%以上的,用人单位提前30日向工会或者全体职工说明情况,听取工会或者职工的意见后,裁减人员方案经向劳动行政部门报告,可以裁减人员:

① 依照企业破产法规定进行重整的;

② 生产经营发生严重困难的;

③ 企业转产、重大技术革新或者经营方式调整,经变更劳动合同后,仍需裁减人员的;

④ 其他因劳动合同订立时所依据的客观经济情况发生重大变化,致使劳动合同无法履行的。

裁减人员时,应当优先留用下列人员:

① 与本单位订立较长期限的固定期限劳动合同的;

② 与本单位订立无固定期限劳动合同的；

③ 家庭无其他就业人员，有需要扶养的老人或者未成年人的。

用人单位依照劳动合同法的规定裁减人员，在 6 个月内重新招用人员的，应当通知被裁减的人员，并在同等条件下优先招用被裁减的人员。

（4）对用人单位预告解除和经济性裁员的法律限制

需要说明的是，劳动法以及劳动合同法等相关规定对用人单位预告解除和经济性裁员进行了限制，凡是符合以下情形的，用人单位不得解除劳动合同：

① 患职业病或者因工负伤并被确认丧失或者部分丧失劳动能力的；

② 患病或者负伤，在规定的医疗期内的；

③ 女职工在孕期、产期、哺乳期内的；

④ 从事接触职业病危害作业的劳动者未进行离岗前职业健康检查，或者疑似职业病病人在诊断或者医学观察期间的；

⑤ 在本单位连续工作满 15 年，且距法定退休年龄不足 5 年的；

⑥ 法律、行政法规规定的其他情形。

另外，工会法还规定，用人单位不得因为劳动者参加工会活动而与之解除劳动合同，或者因为工会工作人员履行职责而与之解除劳动合同。

（5）工会对于用人单位解除劳动合同的介入权

劳动法、劳动合同法以及工会法均规定了工会对于用人单位解除劳动合同的介入权：用人单位单方解除劳动合同，应当事先将理由通知工会。工会认为不适当的，有权提出意见。用人单位违反法律、行政法规规定或者劳动合同约定的，工会有权要求用人单位纠正。用人单位应当研究工会的意见，并将处理结果书面通知工会。

3. 劳动者单方解除劳动合同的条件和程序

劳动者单方解除劳动合同，分为即时辞职和预告辞职两种类型。

（1）即时辞职

劳动者可以即时辞职的法定情形包括：

① 劳动者在试用期内提前 3 日通知用人单位，可以解除劳动合同；

② 用人单位未按照劳动合同约定提供劳动保护或者劳动条件的；

③ 用人单位未及时足额支付劳动报酬的；

④ 用人单位未依法为劳动者缴纳社会保险费的；

⑤ 用人单位的规章制度违反法律、法规的规定，损害劳动者权益的；

⑥ 用人单位以欺诈、胁迫的手段或者乘人之危，使劳动者在违背真实意思的情况下订立或者变更劳动合同的；

⑦ 用人单位以暴力、威胁或者非法限制人身自由的手段强迫劳动者劳动的，或者用人单位违章指挥、强令冒险作业危及劳动者人身安全的；

⑧ 法律、行政法规规定劳动者可以解除劳动合同的其他情形。

（2）预告辞职

根据劳动合同法的规定，劳动者提前30日以书面形式通知用人单位，可以解除劳动合同。

需要说明如下几点：

① 预告辞职的程序要求是劳动者必须提前30日以书面形式通知用人单位；

② 预告辞职没有任何法定理由，也就是说劳动者可以以任何理由向单位提出解除劳动合同的要求；

③ 通知后超过30日，劳动者可以向用人单位提出办理解除劳动合同手续，用人单位应予办理，不得以任何理由相要挟、阻挠。

（三）劳动合同解除的法律后果

劳动合同的解除，意味着双方当事人之间劳动权利义务的终止，同时，基于已经解除的劳动合同而产生了相应的附随权利义务关系。

1. 用人单位的义务

合同解除后，用人单位负有的义务包括：

（1）支付经济补偿金的义务

劳动合同的经济补偿，是指用人单位在协议解除劳动合同或者非过错性辞退、经济性裁员等情况下，按照法律的规定，支付给劳动者的补偿金。劳动合同法规定，经济补偿按劳动者在本单位工作的年限，每满1年支付1个月工资的标准向劳动者支付。6个月以上不满1年的，按1年计算；不满6个月的，向劳动者支付半个月工资的经济补偿。劳动者月工资高于用人单位所在直辖市、设区的市级人民政府公布的本地区上年度职工月平均工资3倍的，向其支付经济补偿的标准按职工月平均工资3倍的数额支付，向其支付经济补偿的年限最高不超过12年。这里所称月工资是指劳动者在劳动合同解除或者终止前12个月的平均工资。用人单位依照劳动合同法有关规定应当向劳动者支付经济补偿的，在办结工作交接时支付。

(2) 劳动合同解除的经济赔偿

劳动合同解除的经济赔偿，是指劳动合同当事人违反劳动法、劳动合同法有关劳动合同解除的规定，所应支付给受损害方的赔偿金。劳动合同法规定，用人单位违反劳动合同法的规定解除或者终止劳动合同，劳动者要求继续履行劳动合同的，用人单位应当继续履行；劳动者不要求继续履行劳动合同或者劳动合同已经不能继续履行的，用人单位应当依照经济补偿金的 2 倍支付赔偿金。

(3) 其他义务

用人单位应当在解除或者终止劳动合同时同时出具解除或者终止劳动合同的证明，并在 15 日内为劳动者办理档案和社会保险关系转移手续。用人单位违反规定未向劳动者出具解除或者终止劳动合同的书面证明，由劳动行政部门责令改正；给劳动者造成损害的，应当承担赔偿责任。另外，根据劳动合同法的规定，用人单位对已经解除或者终止的劳动合同的文本，至少保存 2 年备查。

2. 劳动者的义务

劳动合同解除后，劳动者的义务主要有：

(1) 结束并移交工作事务；

(2) 继续保守商业秘密和履行竞业禁止等义务。

根据劳动合同法，劳动者违反劳动合同中约定的保密义务或者竞业限制，给用人单位造成损失的，应当承担赔偿责任。

二、劳动合同的终止

劳动合同的终止，是指劳动合同自行失效，不再执行。劳动法规定，劳动合同期满或者当事人约定的劳动合同终止条件出现，劳动合同即行终止。也就是说，劳动法规定的劳动合同终止的情形包括两类：一类是法定终止，即劳动合同因期限届满而终止；另一类是约定终止，即当事人约定的劳动合同终止条件出现时劳动合同终止。

在实践中经常出现一些用人单位随意与劳动者约定劳动合同终止条件，并据此终止劳动合同的情形，这不能真正地维护劳动者就业稳定权的实现，因此，劳动合同法调整了劳动法关于劳动合同终止的规定内容。

劳动合同法规定，有下列情形之一的，劳动合同终止：

1. 劳动合同期满的；
2. 劳动者开始依法享受基本养老保险待遇的；
3. 劳动者死亡，或者被人民法院宣告死亡或者宣告失踪的；
4. 用人单位被依法宣告破产的；
5. 用人单位被吊销营业执照、责令关闭、撤销或者用人单位决定提前解散的；
6. 法律、行政法规规定的其他情形。

据此，劳动合同只能因上述法定原因而终止，双方当事人不能任意约定劳动合同终止的条件。

另外，工会法规定，基层工会专职主席、副主席或者委员自任职之日起，其劳动合同期限自动延长，延长期限相当于其任职期间；非专职主席、副主席或者委员自任职之日起，其尚未履行的劳动合同期限短于任期的，劳动合同期限自动延长至任期期满。但是，任职期间个人严重过失或者达到法定退休年龄的除外。根据《中华人民共和国职业病防治法》的规定，用人单位对未进行离岗前职业健康检查的劳动者不得解除或者终止与其订立的劳动合同。用人单位应当及时安排对疑似职业病病人进行诊断；在疑似职业病病人诊断或者医学观察期间，不得解除或者终止与其订立的劳动合同。

【风险提示】

以试用不合格对劳动者作出的辞退，必须是在试用期届满前，而且用人单位须有证据证明劳动者不符合录用条件。若试用期届满后仍未办理劳动者转正手续，用人单位不能再以试用不合格为由辞退劳动者。

【相关案例】

中兴通讯（杭州）有限责任公司诉王某某劳动合同纠纷案

2005年7月，被告王某某进入原告中兴通讯（杭州）有限责任公司（以下简称中兴通讯）工作，劳动合同约定王某某从事销售工作，基本工资每月3840元。该公司的《员工绩效管理办法》规定：员工半年、年度绩效考核分别为 S、A、C1、C2 四个等级，分别代表优秀、良好、价值观不符、业绩待改进；S、A、C（C1、C2）等级的比例分别为 20%、70%、10%；不胜任工作原则上考核为 C2。王某某原在该公司分销科从事销售工作，2009 年 1 月后因分销科解散等原因，转岗至华东区从事销售工作。2008 年下半年、2009 年上半年及 2010 年下半年，王某某的考核结果均为 C2。中兴通讯认为，王某某不能胜任工作，经转岗后，仍不能胜任工作，故在支付了部分经济补偿金的情况下解除了与其的劳动合同。

2011 年 7 月 27 日，王某某提起劳动仲裁。同年 10 月 8 日，仲裁委作出裁决：中兴通讯支付王某某违法解除劳动合同的赔偿金余额 36596.28 元。中兴通讯认为其不存在违法解除劳动合同的行为，故于同年 11 月 1 日诉至法院，请求判令不予支付解除劳动合同赔偿金余额。

法院生效裁判认为：为了保护劳动者的合法权益，构建和发展和谐稳定的劳动关系，劳动法、劳动合同法对用人单位单方解除劳动合同的条件进行了明确限定。原告中兴通讯以被告王某某不能胜任工作，经转岗后仍不能胜任工作为由，解除劳动合同，对此应负举证责任。根据《员工绩效管理办法》的规定，"C（C1、C2）考核等级的比例为 10%"，虽然王某某曾经考核结果为 C2，但是 C2 等级并不完全等同于"不能胜任工作"，中兴通讯仅凭该限定考核等级比例的考核结果，不能证明劳动者不能胜任工作，不符合据此单方解除劳动合同的法定条件。虽然 2009 年 1 月王某某从分销科转岗，但是转岗前后均从事销售工作，并存在分销科解散导致王某某转岗这一根本原因，故不能证明王某某系因不能胜任工作而转岗。因此，中兴通讯主张王某某不胜任工作，经转岗后仍然不胜任工作的依据不足，存在违法解除劳动合同的情形，应当依法向王某某支付经济补偿标准 2 倍的赔偿金。

【法条指引】

中华人民共和国劳动合同法（节录）

第三十六条　用人单位与劳动者协商一致，可以解除劳动合同。

第三十七条　劳动者提前三十日以书面形式通知用人单位，可以解除劳动合同。劳动者在试用期内提前三日通知用人单位，可以解除劳动合同。

第三十八条 用人单位有下列情形之一的，劳动者可以解除劳动合同：

（一）未按照劳动合同约定提供劳动保护或者劳动条件的；

（二）未及时足额支付劳动报酬的；

（三）未依法为劳动者缴纳社会保险费的；

（四）用人单位的规章制度违反法律、法规的规定，损害劳动者权益的；

（五）因本法第二十六条第一款规定的情形致使劳动合同无效的；

（六）法律、行政法规规定劳动者可以解除劳动合同的其他情形。

用人单位以暴力、威胁或者非法限制人身自由的手段强迫劳动者劳动的，或者用人单位违章指挥、强令冒险作业危及劳动者人身安全的，劳动者可以立即解除劳动合同，不需事先告知用人单位。

第三十九条 劳动者有下列情形之一的，用人单位可以解除劳动合同：

（一）在试用期间被证明不符合录用条件的；

（二）严重违反用人单位的规章制度的；

（三）严重失职，营私舞弊，给用人单位造成重大损害的；

（四）劳动者同时与其他用人单位建立劳动关系，对完成本单位的工作任务造成严重影响，或者经用人单位提出，拒不改正的；

（五）因本法第二十六条第一款第一项规定的情形致使劳动合同无效的；

（六）被依法追究刑事责任的。

第四十条 有下列情形之一的，用人单位提前三十日以书面形式通知劳动者本人或者额外支付劳动者一个月工资后，可以解除劳动合同：

（一）劳动者患病或者非因工负伤，在规定的医疗期满后不能从事原工作，也不能从事由用人单位另行安排的工作的；

（二）劳动者不能胜任工作，经过培训或者调整工作岗位，仍不能胜任工作的；

（三）劳动合同订立时所依据的客观情况发生重大变化，致使劳动合同无法履行，经用人单位与劳动者协商，未能就变更劳动合同内容达成协议的。

第四十四条 有下列情形之一的,劳动合同终止:

(一)劳动合同期满的;

(二)劳动者开始依法享受基本养老保险待遇的;

(三)劳动者死亡,或者被人民法院宣告死亡或者宣告失踪的;

(四)用人单位被依法宣告破产的;

(五)用人单位被吊销营业执照、责令关闭、撤销或者用人单位决定提前解散的;

(六)法律、行政法规规定的其他情形。

第六节 劳务派遣

【规则要点】

劳务派遣是指由劳务派遣机构与派遣劳工订立劳动合同,把劳动者派向其他用工单位,再由其用工单位向派遣机构支付一笔服务费用的一种用工形式。劳动合同法规定,劳务派遣单位是用人单位,应当履行用人单位对劳动者的义务。

【理解与适用】

一、经营劳务派遣业务的条件

劳动合同法对经营劳务派遣业务的条件作出了严格的限制。经营劳务派遣业务,应当符合以下条件:

1. 注册资本不得少于人民币200万元;

2. 有与开展业务相适应的固定的经营场所和设施;

3. 有符合法律、行政法规规定的劳务派遣管理制度;

4. 法律、行政法规规定的其他条件。

另外,经营劳务派遣业务,应当向劳动行政部门依法申请行政许可;经许可的,依法办理相应的公司登记。未经许可,任何单位和个人不得经营劳务派遣业务。

二、劳务派遣的用工范围和用工比例

劳动合同用工是中国企业的基本用工形式。劳务派遣用工是补充形式，只能在临时性、辅助性或者替代性的工作岗位上实施。关于用工范围，《劳务派遣暂行规定》规定，用工单位只能在临时性、辅助性或者替代性的工作岗位上使用被派遣劳动者。这里临时性工作岗位是指存续时间不超过6个月的岗位；辅助性工作岗位是指为主营业务岗位提供服务的非主营业务岗位；替代性工作岗位是指用工单位的劳动者因脱产学习、休假等原因无法工作的一定期间内，可以由其他劳动者替代工作的岗位。另外，用工单位决定使用被派遣劳动者的辅助性岗位，应当经职工代表大会或者全体职工讨论，提出方案和意见，与工会或者职工代表平等协商确定，并在用工单位内公示。

关于用工比例，根据《劳务派遣暂行规定》的规定，用工单位应当严格控制劳务派遣用工数量，使用的被派遣劳动者数量不得超过其用工总量的10%。这里所称的用工总量是指用工单位订立劳动合同人数与使用的被派遣劳动者人数之和。

三、劳动合同、劳务派遣协议的订立和履行

劳务派遣单位应当依法与被派遣劳动者订立2年以上的固定期限书面劳动合同。劳务派遣单位与被派遣劳动者订立的劳动合同，除应当载明劳动合同法规定的劳动合同应当载明的法定事项外，还应当载明被派遣劳动者的用工单位以及派遣期限、工作岗位等情况。

根据《劳务派遣暂行规定》的规定，劳务派遣协议应当载明下列内容：

1. 派遣的工作岗位名称和岗位性质；
2. 工作地点；
3. 派遣人员数量和派遣期限；
4. 按照同工同酬原则确定的劳动报酬数额和支付方式；
5. 社会保险费的数额和支付方式；
6. 工作时间和休息休假事项；
7. 被派遣劳动者工伤、生育或者患病期间的相关待遇；
8. 劳动安全卫生以及培训事项；

9. 经济补偿等费用；

10. 劳务派遣协议期限；

11. 劳务派遣服务费的支付方式和标准；

12. 违反劳务派遣协议的责任；

13. 法律、法规、规章规定应当纳入劳务派遣协议的其他事项。

劳务派遣单位派遣劳动者应当与接受以劳务派遣形式用工的单位订立劳务派遣协议。劳务派遣协议应当约定派遣岗位和人员数量、派遣期限、劳动报酬和社会保险费的数额与支付方式以及违反协议的责任。用工单位应当根据工作岗位的实际需要与劳务派遣单位确定派遣期限，不得将连续用工期限分割订立数个短期劳务派遣协议。

劳务派遣单位应当对被派遣劳动者履行下列义务：

1. 如实告知被派遣劳动者工作内容、工作条件、工作地点、职业危害、安全生产状况、劳动报酬，以及劳动者要求了解的其他情况等事项，应遵守的规章制度以及劳务派遣协议的内容；

2. 建立培训制度，对被派遣劳动者进行上岗知识、安全教育培训；

3. 按照国家规定和劳务派遣协议约定，依法支付被派遣劳动者的劳动报酬和相关待遇；

4. 按照国家规定和劳务派遣协议约定，依法为被派遣劳动者缴纳社会保险费，并办理社会保险相关手续；

5. 督促用工单位依法为被派遣劳动者提供劳动保护和劳动安全卫生条件；

6. 依法出具解除或者终止劳动合同的证明；

7. 协助处理被派遣劳动者与用工单位的纠纷；

8. 法律、法规和规章规定的其他事项。

另外，需要注意的是，劳务派遣单位跨地区派遣劳动者的，被派遣劳动者享有的劳动报酬和劳动条件，按照用工单位所在地的标准执行。

用工单位应当履行下列义务：

1. 执行国家劳动标准，提供相应的劳动条件和劳动保护；

2. 告知被派遣劳动者的工作要求和劳动报酬；

3. 支付加班费、绩效奖金，提供与工作岗位相关的福利待遇；

4. 对在岗被派遣劳动者进行工作岗位所必需的培训；

5. 连续用工的，实行正常的工资调整机制。

另外，用工单位不得将被派遣劳动者再派遣到其他用人单位。用工单位应当按照劳动合同法的规定，向被派遣劳动者提供与工作岗位相关的福利待遇，不得歧视被派遣劳动者。被派遣劳动者享有与用工单位的劳动者同工同酬的权利。用工单位应当按照同工同酬原则，对被派遣劳动者与本单位同类岗位的劳动者实行相同的劳动报酬分配办法。用工单位无同类岗位劳动者的，参照用工单位所在地相同或者相近岗位劳动者的劳动报酬确定。被派遣劳动者有权在劳务派遣单位或者用工单位依法参加或者组织工会，维护自身的合法权益。

被派遣劳动者在用工单位因工作遭受事故伤害的，劳务派遣单位应当依法申请工伤认定，用工单位应当协助工伤认定的调查核实工作。劳务派遣单位承担工伤保险责任，但可以与用工单位约定补偿办法。被派遣劳动者在申请进行职业病诊断、鉴定时，用工单位应当负责处理职业病诊断、鉴定事宜，并如实提供职业病诊断、鉴定所需的劳动者职业史和职业危害接触史、工作场所职业病危害因素检测结果等资料，劳务派遣单位应当提供被派遣劳动者职业病诊断、鉴定所需的其他材料。

四、劳动合同的解除和终止

劳务派遣单位行政许可有效期未延续或者《劳务派遣经营许可证》被撤销、吊销的，已经与被派遣劳动者依法订立的劳动合同应当履行至期限届满。双方经协商一致，可以解除劳动合同。

有下列情形之一的，用工单位可以将被派遣劳动者退回劳务派遣单位：

1. 用工单位依法进行经济性裁员的；

2. 劳动合同订立时所依据的客观情况发生重大变化，致使劳动合同无法履行，经用人单位与劳动者协商，未能就变更劳动合同内容达成协议的；

3. 用工单位被依法宣告破产、吊销营业执照、责令关闭、撤销、决定提前解散或者经营期限届满不再继续经营的；

4. 劳务派遣协议期满终止的。

被派遣劳动者提前30日以书面形式通知劳务派遣单位，可以解除劳动合同。被派遣劳动者在试用期内提前3日通知劳务派遣单位，可以解除劳动合同。劳务派遣单位应当将被派遣劳动者通知解除劳动合同的情况及时告知用工单位。

【风险提示】

1. 劳务派遣单位应当与被派遣劳动者订立 2 年以上的固定期限劳动合同，按月支付劳动报酬；被派遣劳动者在无工作期间，劳务派遣单位应当按照所在地人民政府规定的最低工资标准，向其按月支付报酬。

2. 劳务派遣单位应当将劳务派遣协议的内容告知被派遣劳动者。劳务派遣单位不得克扣用工单位按照劳务派遣协议支付给被派遣劳动者的劳动报酬。劳务派遣单位和用工单位不得向被派遣劳动者收取费用。

3. 用人单位不得设立劳务派遣单位向本单位或者所属单位派遣劳动者。

【相关案例】

天津手拉手劳动服务有限公司与王某某劳动争议案

被告王某某于 2017 年 4 月 13 日与原告天津手拉手劳动服务有限公司（以下简称天津服务公司）签订《劳动合同书》，合同期限为一年，自 2017 年 4 月 13 日至 2018 年 4 月 13 日，合同约定用人单位为原告天津服务公司，被告的工作地点为：内蒙古明阳风电设备有限公司（以下简称明阳风电公司）。同时，该合同的第 8 条第 3 项约定："乙方同意在本合同期满之日前七个工作日内到甲方公司住所处向甲方申请续订劳动合同，续订的劳动合同维持本劳动合同中的约定条件。"之后，被告王某某一直在明阳风电公司工作，每月由原告天津服务公司给付工资。2018 年 7 月 5 日 15 时，被告在明阳风电公司工作期间发生事故，由明阳风电公司代班人将被告王某某送到乌兰察布市中心医院急症治疗，后又转入内蒙古医科大学第二附属医院住院手术治疗。在治疗期间，原告天津服务公司给被告垫付医疗费 2 万元。

法院认为，被告王某某于 2017 年 4 月 13 日与原告签订劳动合同，双方建立劳动合同关系，后按合同约定被派遣到用工单位明阳风电公司工作,原告天津服务公司是用人单位,明阳风电公司是用工单位。被告王某某与原告签订的合同到期后,被告王某某虽未与原告续订劳动合同,但被告王某某继续在用工单位明阳风电公司工作,原告也未解除与被告王某某的劳动关系,应视为双方的劳动合同继续履行。且原告天津服务公司与被告签订的《劳动合同书》中约定双方的劳动合同期限为一年,该约定本身违反法律规定,根据劳动合同法第58条的规定:"……劳务派遣单位应当与被派遣劳动者订立二年以上的固定期限劳动合同,……"根据上述法律规定,原告天津服务公司在合同中约定合同期限为一年的条款本身属于无效条款,故原、被告之间的劳动合同关系依然存在。

【法条指引】

中华人民共和国劳动合同法(节录)

第五十九条 劳务派遣单位派遣劳动者应当与接受以劳务派遣形式用工的单位(以下称用工单位)订立劳务派遣协议。劳务派遣协议应当约定派遣岗位和人员数量、派遣期限、劳动报酬和社会保险费的数额与支付方式以及违反协议的责任。

用工单位应当根据工作岗位的实际需要与劳务派遣单位确定派遣期限,不得将连续用工期限分割订立数个短期劳务派遣协议。

第六十条 劳务派遣单位应当将劳务派遣协议的内容告知被派遣劳动者。

劳务派遣单位不得克扣用工单位按照劳务派遣协议支付给被派遣劳动者的劳动报酬。

劳务派遣单位和用工单位不得向被派遣劳动者收取费用。

第六十一条 劳务派遣单位跨地区派遣劳动者的,被派遣劳动者享有的劳动报酬和劳动条件,按照用工单位所在地的标准执行。

第六十二条 用工单位应当履行下列义务:

(一)执行国家劳动标准,提供相应的劳动条件和劳动保护;

(二)告知被派遣劳动者的工作要求和劳动报酬;

(三)支付加班费、绩效奖金,提供与工作岗位相关的福利待遇;

(四)对在岗被派遣劳动者进行工作岗位所必需的培训;

（五）连续用工的，实行正常的工资调整机制。

用工单位不得将被派遣劳动者再派遣到其他用人单位。

第六十三条　被派遣劳动者享有与用工单位的劳动者同工同酬的权利。用工单位应当按照同工同酬原则，对被派遣劳动者与本单位同类岗位的劳动者实行相同的劳动报酬分配办法。用工单位无同类岗位劳动者的，参照用工单位所在地相同或者相近岗位劳动者的劳动报酬确定。

劳务派遣单位与被派遣劳动者订立的劳动合同和与用工单位订立的劳务派遣协议，载明或者约定的向被派遣劳动者支付的劳动报酬应当符合前款规定。

第六十四条　被派遣劳动者有权在劳务派遣单位或者用工单位依法参加或者组织工会，维护自身的合法权益。

第七节　非全日制用工

【规则要点】

非全日制用工，是指以小时计酬为主，劳动者在同一用人单位一般平均每日工作时间不超过4小时，每周工作时间累计不超过24小时的用工形式。

【理解与适用】

与全日制用工不同的是，非全日制用工有许多方面的不同：

1. 合同订立的形式。全日制用工的双方当事人可以订立口头协议。

2. 从事非全日制用工的劳动者可以与一个或者一个以上用人单位订立劳动合同，只要后订立的劳动合同不影响先订立的劳动合同的履行即可。

3. 非全日制用工双方当事人任何一方都可以随时通知对方终止用工。而且终止用工后，用人单位不需要向劳动者支付经济补偿。

4. 非全日制用工劳动报酬结算支付周期最长不得超过15日。

5. 非全日制用工双方当事人不得约定试用期。

【风险提示】

非全日制用工小时计酬标准不得低于用人单位所在地人民政府规定的最低小时工资标准。非全日制用工劳动报酬结算支付周期最长不得超过15日。

【相关案例】

王某某诉某县人民政府劳动争议纠纷案

2014年7月29日,原、被告口头协议,建立劳动关系,口头约定:原告清扫卫生,每天上午7点到8点,下午4点到5点半,雨雪天、周六、周日、法定节假日不工作,实际每月上班时间20天。2014年7月发放工资300元,同年8月、9月每月发放工资500元,从2014年10月至2015年10月10日每月发放工资800元。2015年10月10日,原告提出辞职。2016年10月20日,原告申请劳动仲裁,2017年1月18日,某县劳动和人事仲裁委员会作出裁决。2017年2月4日,原告向法院提起诉讼。法院认为,原、被告口头约定建立劳动关系,原告每天工作不满4小时,每周工作不超过24小时,双方之间的劳动关系系非全日制用工关系;双方终止用工关系,被告不向原告支付经济补偿;非全日制用工小时计酬标准不得低于用人单位所在地政府规定的最低小时工资标准的规定,根据《劳动和社会保障部关于非全日制用工若干问题的意见》第8条规定,该地区非全日制小时最低工资计算后为11.7元,被告支付原告2014年7月、8月、9月的工资与当地最低工资差额为455元。根据劳动合同法第69条、第70条、第71条、第72条之规定,判决如下:一、某县人民政府于判决生效后15日内支付王某某最低工资差额455元。二、驳回王某某的其他诉讼请求。

【法条指引】

中华人民共和国劳动合同法(节录)

第六十九条 非全日制用工双方当事人可以订立口头协议。

从事非全日制用工的劳动者可以与一个或者一个以上用人单位订立劳动合同；但是，后订立的劳动合同不得影响先订立的劳动合同的履行。

第七十条 非全日制用工双方当事人不得约定试用期。

第七十一条 非全日制用工双方当事人任何一方都可以随时通知对方终止用工。终止用工，用人单位不向劳动者支付经济补偿。

第四章

集体合同

第一节 集体合同概述

【规则要点】

集体合同是指用人单位与本单位职工根据法律、法规、规章的规定,就劳动报酬、工作时间、休息休假、劳动安全卫生、职业培训、保险福利等事项,通过集体协商签订的书面协议。集体合同分为综合性集体合同和专项集体合同。

【理解与适用】

根据《集体合同规定》的规定,中国的集体合同分为综合性集体合同和专项集体合同。综合性集体合同是指当事人之间就劳动报酬、工作时间、休息休假、劳动安全卫生、职业培训、保险福利等一揽子事项达成的协议。而专项集体合同则是指用人单位与本单位职工根据法律、法规、规章的规定,就集体协商的某项内容签订的专项书面协议。另外,劳动合同法还规定在县级以下区域内,建筑业、采矿业、餐饮服务业等行业可以由工会与企业方面代表订立行业性集体合同,或者订立区域性集体合同。

与劳动合同相比,集体合同具有如下特征:

1. 集体合同的主体一方是用人单位或其团体,另一方是工会或劳动者代表

工会作为集体合同的一方当事人,必须代表劳动者群体的意志和利

益，即站在劳动者一方，依法为劳动者争取权利和利益。没有建立工会的企业，由上级工会指导劳动者推举代表与企业签订集体合同，劳动者代表作为集体合同的一方当事人，其职责与工会等同。用人单位作为集体合同的另一方当事人，从维护用人单位的整体利益出发，与工会或劳动者代表在平等的法律地位上，通过协商，取得合作。

2. 集体合同的内容侧重于维护劳动者利益

集体合同的内容主要涉及劳动报酬、工作时间、休息休假、劳动安全卫生、职业培训、保险福利等事项，从内容可以看出集体合同是以劳动者生活条件和劳动条件为主要内容的协议。

3. 集体合同的订立必须经过双方协商谈判，达成书面协议

集体协商任何一方均可就签订集体合同或专项集体合同以及相关事宜，以书面形式向对方提出进行集体协商的要求。一方提出进行集体协商要求的，另一方应当在收到集体协商要求之日起 20 日内以书面形式给予回应，无正当理由不得拒绝进行集体协商。

4. 集体合同具有较强的法定性

集体合同当事人不能自主决定是否订立集体合同、与谁订立集体合同、订立什么内容的集体合同、集体合同采取什么形式、集体合同争议处理等。例如，集体合同当事人不但无法选择缔约相对人，而且还负有必须接受协商请求的义务，当事人无正当理由不得拒绝对方提出的协商要求，否则就要承担相应的法律责任。

5. 集体合同争议类型具有特殊性

集体合同争议包括因签订而发生的争议和因履行而发生的争议。集体协商过程中发生争议，双方当事人不能协商解决的，当事人一方或双方可以书面向劳动行政部门提出协调处理申请；未提出申请的，劳动行政部门认为必要时也可以进行协调处理。劳动行政部门应当组织同级工会和企业组织三方面的人员，共同协调处理集体协商争议。因履行集体合同发生争议的，由当事人协商解决，协商解决不成的，可以向劳动争议仲裁委员会申请仲裁，对仲裁裁决不服的，可以自收到仲裁裁决书之日起 15 日内向人民法院提起诉讼。

6. 集体合同具有劳动基准法的效能

根据劳动法，依法签订的集体合同对企业和企业全体职工具有约束力。职工个人与企业订立的劳动合同中劳动条件和劳动报酬等标准不得低

于集体合同的规定。根据《集体合同规定》的规定,用人单位与职工个人签订的劳动合同约定的劳动条件和劳动报酬等标准,不得低于集体合同或专项集体合同的规定。

第二节 集体合同的订立和效力

【规则要点】

企业职工一方与企业可以就劳动报酬、工作时间、休息休假、劳动安全卫生、保险福利等事项,签订集体合同。

【理解与适用】

一、集体合同的订立

(一)集体合同的订立原则

企业职工一方与用人单位通过平等协商,可以就劳动报酬、工作时间、休息休假、劳动安全卫生、保险福利等事项订立集体合同。

《集体合同规定》规定,进行集体协商,签订集体合同或专项集体合同,应当遵循下列原则:

1. 遵守法律、法规、规章及国家有关规定;
2. 相互尊重,平等协商;
3. 诚实守信,公平合作;
4. 兼顾双方合法权益;
5. 不得采取过激行为。

(二)集体合同的订立程序

集体合同必须以书面形式订立,其订立程序非常严格。依照劳动法、劳动合同法和《集体合同规定》等的规定,集体合同的订立须经过以下几个步骤:

1. 确定协商代表

集体协商代表(以下简称协商代表),是指按照法定程序产生并有权代表本方利益进行集体协商的人员。

（1）对集体协商双方代表的一般规定

集体协商双方的代表人数应当对等，每方至少3人，并各确定1名首席代表。协商代表履行职责的期限由被代表方确定。用人单位协商代表和职工协商代表不能相互兼任。集体协商双方首席代表可以书面委托本单位以外的专业人员作为本方协商代表。委托人数不得超过本方代表的1/3。首席代表不得由非本单位人员代理。

协商代表应当维护本单位正常的生产、工作秩序，不得采取威胁、收买、欺骗等行为。协商代表应当保守在集体协商过程中知悉的用人单位的商业秘密。企业内部的协商代表参加集体协商视为提供了正常劳动。

协商代表应履行下列职责：

① 参加集体协商；

② 接受本方人员质询，及时向本方人员公布协商情况并征求意见；

③ 提供与集体协商有关的情况和资料；

④ 代表本方参加集体协商争议的处理；

⑤ 监督集体合同或专项集体合同的履行；

⑥ 法律、法规和规章规定的其他职责。

（2）职工一方协商代表的产生

职工一方的协商代表由本单位工会选派。未建立工会的，由本单位职工民主推荐，并经本单位半数以上职工同意。职工一方的首席代表由本单位工会主席担任。工会主席可以书面委托其他协商代表代理首席代表。工会主席空缺的，首席代表由工会主要负责人担任。未建立工会的，职工一方的首席代表从协商代表中民主推举产生。工会可以更换职工一方协商代表；未建立工会的，经本单位半数以上职工同意可以更换职工一方协商代表。用人单位法定代表人可以更换用人单位一方协商代表。协商代表因更换、辞任或遇有不可抗力等情形造成空缺的，应在空缺之日起15日内按照相关规定产生新的代表。

对职工一方协商代表的保护：职工一方协商代表在其履行协商代表职责期间劳动合同期满的，劳动合同期限自动延长至完成履行协商代表职责之时，除出现下列情形之一的，用人单位不得与其解除劳动合同：

① 严重违反劳动纪律或用人单位依法制定的规章制度的；

② 严重失职、营私舞弊，对用人单位利益造成重大损害的；

③ 被依法追究刑事责任的。

职工一方协商代表履行协商代表职责期间，用人单位无正当理由不得调整其工作岗位。职工一方协商代表因上述权利与用人单位发生争议的，可以向当地劳动争议仲裁委员会申请仲裁。

（3）用人单位一方协商代表的产生

用人单位一方的协商代表，由用人单位法定代表人指派，首席代表由单位法定代表人担任或由其书面委托的其他管理人员担任。用人单位法定代表人可以更换用人单位一方协商代表。协商代表因更换、辞任或遇有不可抗力等情形造成空缺的，应在空缺之日起15日内按照相关规定产生新的代表。

2. 集体协商，形成草案

集体协商任何一方均可就签订集体合同或专项集体合同以及相关事宜，以书面形式向对方提出进行集体协商的要求。一方提出进行集体协商要求的，另一方应当在收到集体协商要求之日起20日内以书面形式给予回应，无正当理由不得拒绝进行集体协商。

协商代表在协商前应进行下列准备工作：

① 熟悉与集体协商内容有关的法律、法规、规章和制度；

② 了解与集体协商内容有关的情况和资料，收集用人单位和职工对协商意向所持的意见；

③ 拟定集体协商议题，集体协商议题可由提出协商一方起草，也可由双方指派代表共同起草；

④ 确定集体协商的时间、地点等事项；

⑤ 共同确定一名非协商代表担任集体协商记录员。记录员应保持中立、公正，并为集体协商双方保密。

集体协商会议由双方首席代表轮流主持，并按下列程序进行：

① 宣布议程和会议纪律；

② 一方首席代表提出协商的具体内容和要求，另一方首席代表就对方的要求作出回应；

③ 协商双方就商谈事项发表各自意见，开展充分讨论；

④ 双方首席代表归纳意见。

达成一致的，应当形成集体合同草案或专项集体合同草案，由双方首席代表签字。集体协商未达成一致意见或出现事先未预料的问题时，经双方协商，可以中止协商。中止期限及下次协商时间、地点、内容由双方商定。

3. 通过草案

经双方协商代表协商一致的集体合同草案或专项集体合同草案应当提交职工代表大会或者全体职工讨论。职工代表大会或者全体职工讨论集体合同草案或专项集体合同草案，应当有 2/3 以上职工代表或者职工出席，且须经全体职工代表半数以上或者全体职工半数以上同意，集体合同草案或专项集体合同草案方获通过。集体合同草案或专项集体合同草案经职工代表大会或者职工大会通过后，由集体协商双方首席代表签字。

4. 集体合同的审查与生效

集体合同须经过严格的审查程序方可生效。

集体合同草案或专项集体合同草案经职工代表大会或者职工大会通过后，由集体协商双方首席代表签字。集体合同或专项集体合同签订或变更后，应当自双方首席代表签字之日起 10 日内，由用人单位一方将文本一式三份报送劳动行政部门审查。劳动行政部门对报送的集体合同或专项集体合同应当办理登记手续。集体合同或专项集体合同审查实行属地管辖，具体管辖范围由省级劳动行政部门规定。中央管辖的企业以及跨省、自治区、直辖市的用人单位的集体合同应当报送国务院主管部门或其指定的省级劳动主管部门。

劳动行政部门应当对报送的集体合同或专项集体合同的下列事项进行合法性审查：

① 集体协商双方的主体资格是否符合法律、法规和规章规定；

② 集体协商程序是否违反法律、法规、规章规定；

③ 集体合同或专项集体合同内容是否与国家规定相抵触。

劳动行政部门对集体合同或专项集体合同有异议的，应当自收到文本之日起 15 日内将《审查意见书》送达双方协商代表。

《审查意见书》应当载明以下内容：

① 集体合同或专项集体合同当事人双方的名称、地址；

② 劳动行政部门收到集体合同或专项集体合同的时间；

③ 审查意见；

④ 作出审查意见的时间。

《审查意见书》应当加盖劳动行政部门印章。用人单位与本单位职工就劳动行政部门提出异议的事项经集体协商重新签订集体合同或专项集体合同的，用人单位一方应当根据《集体合同规定》第42条的规定将文本报送劳动行政部门审查。

5. 即行生效、公布履行

劳动行政部门自收到文本之日起15日内未提出异议的，集体合同或专项集体合同即行生效。生效的集体合同或专项集体合同，应当自其生效之日起由协商代表及时以适当的形式向本方全体人员公布。

(三) 集体协商争议的协调处理

由于集体合同协商争议不同于因履行集体合同发生的争议，不存在"违约""侵权"的事实，因此不宜采用仲裁或诉讼的方式。

《集体合同规定》规定，因签订集体合同发生的争议，按以下途径处理：

1. 当事人协商

集体协商过程中发生争议，双方当事人可以自行协商解决。

2. 劳动行政部门协调处理

集体协商过程中发生争议，双方当事人不能协商解决的，当事人一方或双方可以书面向劳动行政部门提出协调处理申请；未提出申请的，劳动行政部门认为必要时也可以进行协调处理。集体协商争议处理实行属地管辖，具体管辖范围由省级劳动行政部门规定。中央管辖的企业以及跨省、自治区、直辖市用人单位因集体协商发生的争议，由国务院劳动行政部门指定的省级劳动行政部门组织同级工会和企业组织三方面的人员协调处理，必要时，国务院劳动行政部门也可以组织有关方面协调处理。协调处理集体协商争议，应当自受理协调处理申请之日起30日内结束协调处理工作。期满未结束的，可以适当延长协调期限，但延长期限不得超过15日。

协调处理集体协商争议应当按照以下程序进行：

① 受理协调处理申请；

② 调查了解争议的情况；

③ 研究制定协调处理争议的方案；

④ 对争议进行协调处理；

⑤ 制作《协调处理协议书》。

《协调处理协议书》应当载明协调处理申请、争议的事实和协调结果，双方当事人就某些协商事项不能达成一致的，应将继续协商的有关事项予以载明。《协调处理协议书》由集体协商争议协调处理人员和争议双方首席代表签字盖章后生效。争议双方均应遵守生效后的《协调处理协议书》。

二、集体合同的效力

劳动合同法规定，依法订立的集体合同对用人单位和劳动者具有约束力。行业性、区域性集体合同对当地本行业、本区域的用人单位和劳动者具有约束力。

依法签订的集体合同对工会组织和用人单位或其团体、工会组织所代表的全体劳动者和用人单位所代表的各个用人单位具有法律约束力。集体合同或专项集体合同期限一般为1年至3年，期满或双方约定的终止条件出现，即行终止。集体合同或专项集体合同期满前3个月内，任何一方均可向对方提出重新签订或续订的要求。

【风险提示】

依法签订的集体合同对企业和企业全体职工具有约束力。职工个人与企业订立的劳动合同中劳动条件和劳动报酬等标准不得低于集体合同的规定。

【法条指引】

中华人民共和国劳动法（节录）

第三十三条 企业职工一方与企业可以就劳动报酬、工作时间、休息休假、劳动安全卫生、保险福利等事项，签订集体合同。集体合同草案应当提交职工代表大会或者全体职工讨论通过。

集体合同由工会代表职工与企业签订；没有建立工会的企业，由职工推举的代表与企业签订。

第三十四条 集体合同签订后应当报送劳动行政部门；劳动行政部门自收到集体合同文本之日起十五日内未提出异议的，集体合同即行生效。

集体合同规定（节录）

第三条 本规定所称集体合同，是指用人单位与本单位职工根据法律、法规、规章的规定，就劳动报酬、工作时间、休息休假、劳动安全卫生、职业培训、保险福利等事项，通过集体协商签订的书面协议；所称专项集体合同，是指用人单位与本单位职工根据法律、法规、规章的规定，就集体协商的某项内容签订的专项书面协议。

第四条 用人单位与本单位职工签订集体合同或专项集体合同，以及确定相关事宜，应当采取集体协商的方式。集体协商主要采取协商会议的形式。

第五条 进行集体协商，签订集体合同或专项集体合同，应当遵循下列原则：

（一）遵守法律、法规、规章及国家有关规定；

（二）相互尊重，平等协商；

（三）诚实守信，公平合作；

（四）兼顾双方合法权益；

（五）不得采取过激行为。

第六条 符合本规定的集体合同或专项集体合同，对用人单位和本单位的全体职工具有法律约束力。

用人单位与职工个人签订的劳动合同约定的劳动条件和劳动报酬等标准，不得低于集体合同或专项集体合同的规定。

第七条 县级以上劳动保障行政部门对本行政区域内用人单位与本单位职工开展集体协商、签订、履行集体合同的情况进行监督，并负责审查集体合同或专项集体合同。

第三节　集体合同的主要内容

【规则要点】

中国对集体合同的内容采取了列举式的规定，劳动法、劳动合同法和《集体合同规定》规定，集体协商双方可以就多项或某项内容进行集体协商，签订集体合同或专项集体合同。

【理解与适用】

劳动法、劳动合同法和《集体合同规定》规定，集体合同应当包括以下主要内容。

一、劳动报酬

劳动报酬主要包括：

1. 用人单位工资水平、工资分配制度、工资标准和工资分配形式；
2. 工资支付办法；
3. 加班、加点工资及津贴、补贴标准和奖金分配办法；
4. 工资调整办法；
5. 试用期及病假、事假等期间的工资待遇；
6. 特殊情况下职工工资（生活费）支付办法；
7. 其他劳动报酬分配办法。

二、工作时间

工作时间主要包括：

1. 工时制度；
2. 加班加点办法；
3. 特殊工种的工作时间；
4. 劳动定额标准。

三、休息休假

休息休假主要包括：

1. 日休息时间、周休息日安排、年休假办法；
2. 不能实行标准工时职工的休息休假；
3. 其他假期。

四、劳动安全与卫生

劳动安全卫生主要包括：

1. 劳动安全卫生责任制；

2. 劳动条件和安全技术措施；

3. 安全操作规程；

4. 劳保用品发放标准；

5. 定期健康检查和职业健康体检。

五、补充保险和福利

补充保险和福利主要包括：

1. 补充保险的种类、范围；

2. 基本福利制度和福利设施；

3. 医疗期延长及其待遇；

4. 职工亲属福利制度。

六、女职工和未成年工特殊保护

女职工和未成年工的特殊保护主要包括：

1. 女职工和未成年工禁忌从事的劳动；

2. 女职工的经期、孕期、产期和哺乳期的劳动保护；

3. 女职工、未成年工定期健康检查；

4. 未成年工的使用和登记制度。

七、职业技能培训

职业技能培训主要包括：

1. 职业技能培训项目规划及年度计划；

2. 职业技能培训费用的提取和使用；

3. 保障和改善职业技能培训的措施。

八、劳动合同管理

劳动合同管理主要包括：

1. 劳动合同签订时间；

2. 确定劳动合同期限的条件；

3. 劳动合同变更、解除、续订的一般原则及无固定期限劳动合同的终止条件；

4. 试用期的条件和期限。

九、奖惩

奖惩主要包括：

1. 劳动纪律；
2. 考核奖惩制度；
3. 奖惩程序。

十、裁员

裁员主要包括：

1. 裁员的方案；
2. 裁员的程序；
3. 裁员的实施办法和补偿标准。

十一、其他事项

如集体合同期限、变更、解除集体合同的程序、履行集体合同发生争议时的协商处理办法、违反集体合同的责任以及双方认为应当协商的其他内容等。

【法条指引】

中华人民共和国劳动合同法（节录）

第五十五条 集体合同中劳动报酬和劳动条件等标准不得低于当地人民政府规定的最低标准；用人单位与劳动者订立的劳动合同中劳动报酬和劳动条件等标准不得低于集体合同规定的标准。

集体合同规定（节录）

第八条 集体协商双方可以就下列多项或某项内容进行集体协商，签订集体合同或专项集体合同：

（一）劳动报酬；
（二）工作时间；

（三）休息休假；

（四）劳动安全与卫生；

（五）补充保险和福利；

（六）女职工和未成年工特殊保护；

（七）职业技能培训；

（八）劳动合同管理；

（九）奖惩；

（十）裁员；

（十一）集体合同期限；

（十二）变更、解除集体合同的程序；

（十三）履行集体合同发生争议时的协商处理办法；

（十四）违反集体合同的责任；

（十五）双方认为应当协商的其他内容。

第四节　集体合同的履行、变更、解除与终止

【规则要点】

集体合同主要是为了保护职工的权益，因此作为用人单位应当严格履行集体合同规定的义务。但根据情况变化，在双方协商一致或者出现法律规定的情形时，也可对集体合同进行变更、解除或者终止。

【理解与适用】

一、集体合同的履行

在集体合同履行过程中，应针对不同的合同条款采用不同的履行方法。对于其中的标准性条款，要求在合同有效期限内始终按照集体合同规定的各项标准签订和履行劳动合同，确保劳动者劳动权益的实现不低于集体合同中所规定的标准。对于约定不明确的内容，凡国家法律法规有明确规定的，按规定执行；无明确规定的，由当事人双方协商确定。因履行集

体合同发生的争议，当事人协商解决不成的，可以依法向劳动争议仲裁委员会申请仲裁。对仲裁裁决不服的，可以向人民法院提起诉讼。劳动合同法规定，用人单位违反集体合同，侵犯职工劳动权益的，工会可以依法要求用人单位承担责任；因履行集体合同发生争议，经协商解决不成的，工会可以依法申请仲裁、提起诉讼。

另外，根据《工会参加平等协商和签订集体合同试行办法》的规定，企业工会应当定期组织有关人员对集体合同的履行情况进行监督检查，发现问题后，及时与企业协商解决。企业工会可以与企业协商，建立集体合同履行的联合监督检查制度，定期或不定期对履行集体合同的情况进行监督检查。工会小组和车间工会应当及时向企业工会报告集体合同在本班组和车间的履行情况。职工代表大会有权对集体合同的履行实行民主监督。企业工会应当定期向职工代表大会或全体职工通报集体合同的履行情况，组织职工代表对集体合同的履行进行监督检查。

二、集体合同的变更与解除

双方协商代表协商一致，可以变更或解除集体合同或专项集体合同。

有下列情形之一的，可以变更或解除集体合同或专项集体合同：

1. 用人单位因被兼并、解散、破产等原因，致使集体合同或专项集体合同无法履行的；

2. 因不可抗力等原因致使集体合同或专项集体合同无法履行或部分无法履行的；

3. 集体合同或专项集体合同约定的变更或解除条件出现的；

4. 法律、法规、规章规定的其他情形。

变更或解除集体合同或专项集体合同适用集体协商程序。根据《工会参加平等协商和签订集体合同试行办法》的规定，变更或解除集体合同按下列程序进行：

1. 一方提出建议，向对方说明需要变更或解除的集体合同的条款和理由；

2. 双方就变更或解除的集体合同条款经协商一致，达成书面协议；

3. 协议书应当提交职工代表大会或全体职工审议通过，并报送集体合同管理机关登记备案，审议未获通过，由双方重新协商；

4. 变更或解除集体合同的协议书,在报送劳动行政部门的同时,企业工会报送上一级工会。

三、集体合同的终止

《集体合同规定》规定,集体合同或专项集体合同期限一般为 1 年至 3 年,期满或双方约定的终止条件出现,即行终止。

从上述规定可以知晓,集体合同终止的原因有两种:

1. 合同期限届满

集体合同的期限一般为 1 年至 3 年,具体期限双方当事人可以自行约定。如果集体合同中未约定合同期限,一般认为有效期为 1 年,有效期满,集体合同即行终止。

2. 合同约定的终止条件出现

双方当事人在订立集体合同时,可根据实际情况约定集体合同的终止条件,当条件出现时,集体合同即行终止。"当事人一方违约使集体合同的履行成为不必要""国家劳动制度进行重大改革"等,均可以作为集体合同终止的条件进行约定。

【法条指引】

中华人民共和国劳动合同法(节录)

第五十四条 集体合同订立后,应当报送劳动行政部门;劳动行政部门自收到集体合同文本之日起十五日内未提出异议的,集体合同即行生效。

依法订立的集体合同对用人单位和劳动者具有约束力。行业性、区域性集体合同对当地本行业、本区域的用人单位和劳动者具有约束力。

集体合同规定(节录)

第三十九条 双方协商代表协商一致,可以变更或解除集体合同或专项集体合同。

第四十条 有下列情形之一的,可以变更或解除集体合同或专项集体合同:

(一)用人单位因被兼并、解散、破产等原因,致使集体合同或专项集体合同无法履行的；

（二）因不可抗力等原因致使集体合同或专项集体合同无法履行或部分无法履行的；

（三）集体合同或专项集体合同约定的变更或解除条件出现的；

（四）法律、法规、规章规定的其他情形。

第四十一条 变更或解除集体合同或专项集体合同适用本规定的集体协商程序。

第五节 不当劳动行为

【规则要点】

不当劳动行为，是指集体劳动关系中的当事人以不正当的手段，妨碍或者限制了对方（少数情况下是第三方）行使其合法权利的行为。工会法对不当劳动行为作出了相应的规定。

【理解与适用】

一、"干涉工会活动"的不当劳动行为

工会法规定，基层工会、地方各级总工会、全国或者地方产业工会组织的建立，必须报上一级工会批准。上级工会可以派员帮助和指导企业职工组建工会，任何单位和个人不得阻挠。阻挠职工依法参加和组织工会或者阻挠上级工会帮助、指导职工筹建工会的，由劳动行政部门责令其改正；拒不改正的，由劳动行政部门提请县级以上人民政府处理；以暴力、威胁等手段阻挠造成严重后果，构成犯罪的，依法追究刑事责任。对依法履行职责的工会工作人员进行侮辱、诽谤或者进行人身伤害，构成犯罪的，依法追究刑事责任；尚未构成犯罪的，由公安机关依照治安管理处罚法的规定处罚。

二、"控制、操控工会活动"的不当劳动行为

为防止用人单位操纵工会，工会法规定，各级工会委员会由会员大会

或者会员代表大会民主选举产生。企业主要负责人的近亲属不得作为本企业基层工会委员会成员的人选。

三、"拒绝集体协商"的不当劳动行为

工会法规定，工会代表职工与企业以及实行企业化管理的事业单位进行平等协商，签订集体合同。无正当理由拒绝进行平等协商的，由县级以上人民政府责令改正，依法处理。

四、"歧视待遇"的不当劳动行为

工会法规定，工会主席、副主席任期未满时，不得随意调动其工作。因工作需要调动时，应当征得本级工会委员会和上一级工会的同意。基层工会专职主席、副主席或者委员自任职之日起，其劳动合同期限自动延长，延长期限相当于其任职期间；非专职主席、副主席或者委员自任职之日起，其尚未履行的劳动合同期限短于任期的，劳动合同期限自动延长至任期期满。企业、事业单位、机关工会委员会的专职工作人员的工资、奖励、补贴，由所在单位支付。社会保险和其他福利待遇等，享受本单位职工同等待遇。基层工会的非专职委员占用生产或者工作时间参加会议或者从事工会工作，每月不超过3个工作日，其工资照发，其他待遇不受影响。若用人单位违反上述规定，须承担相应的法律责任。用人单位对依法履行职责的工会工作人员无正当理由调动工作岗位，进行打击报复的，由劳动行政部门责令改正、恢复原工作；造成损失的，给予赔偿。用人单位职工因参加工会活动而被解除劳动合同，或工会工作人员因履行本法规定的职责而被解除劳动合同的，由劳动行政部门责令恢复其工作，并补发被解除劳动合同期间应得的报酬，或者责令给予本人年收入2倍的赔偿。

【法条指引】

中华人民共和国工会法（节录）

第三条 在中国境内的企业、事业单位、机关中以工资收入为主要生活来源的体力劳动者和脑力劳动者，不分民族、种族、性别、职业、宗教

信仰、教育程度，都有依法参加和组织工会的权利。任何组织和个人不得阻挠和限制。

第十一条 基层工会、地方各级总工会、全国或者地方产业工会组织的建立，必须报上一级工会批准。

上级工会可以派员帮助和指导企业职工组建工会，任何单位和个人不得阻挠。

第五章

工资制度

根据劳动合同法的规定，工资分配应当遵循按劳分配原则，实行同工同酬。工资水平在经济发展的基础上逐步提高。国家对工资总量实行宏观调控。据此，中国的工资分配原则为按劳分配原则和宏观调控原则。即工资分配以劳动者提供的劳动数量和劳动质量为标准确立个人工资额，在此基础之上，国家对工资总额和工资分配中的不合理因素或现象实行国家干预。

第一节　最低工资制度

【规则要点】

最低工资，是指劳动者在法定工作时间内提供了正常劳动的条件下，由所在用人单位依据地方人民政府规定的标准支付的保障劳动者个人及其家庭成员基本生活需要的最低劳动报酬。在劳动者提供正常劳动的情况下，用人单位应支付给劳动者的工资在剔除各项福利待遇以后，不得低于当地最低工资标准。

【理解与适用】

国务院劳动行政主管部门对全国最低工资制度实行统一管理，省级人民政府劳动行政主管部门对本行政区域最低工资制度实行统一管理。最低工资的具体标准由省、自治区、直辖市人民政府规定，报国务院备案。

确定和调整最低工资标准应当综合参考下列因素：

1. 劳动者本人及平均赡养人口的最低生活费用；
2. 社会平均工资水平；
3. 劳动生产率；
4. 就业状况；
5. 地区之间经济发展水平的差异。

《最低工资规定》规定，最低工资制度适用于在中华人民共和国境内的企业、民办非企业单位、有雇工的个体工商户和与之形成劳动关系的劳动者，以及国家机关、事业单位、社会团体和与之建立劳动合同关系的劳动者。劳动法规定，用人单位根据本单位的生产经营特点和经济效益，依法自主确定本单位的工资分配方式和工资水平。但用人单位支付劳动者的工资不得低于当地最低工资标准。

《最低工资规定》规定，在劳动者提供正常劳动的情况下，用人单位应支付给劳动者的工资在剔除下列各项以后，不得低于当地最低工资标准：

1. 延长工作时间工资；
2. 中班、夜班、高温、低温、井下、有毒有害等特殊工作环境、条件下的津贴；
3. 法律、法规和国家规定的劳动者福利待遇等。

实行计件工资或提成工资等工资形式的用人单位，在科学合理的劳动定额基础上，其支付劳动者的工资不得低于相应的最低工资标准。用人单位违反上述规定的，由劳动行政部门责令其限期补发所欠劳动者工资，并可责令其按所欠工资的 1 倍至 5 倍支付劳动者赔偿金。

【风险提示】

劳动者在法定工作时间或依法签订的劳动合同约定的工作时间内提供了正常劳动的前提下，用人单位才有依法支付其最低劳动报酬的义务。劳动者有迟到、早退、旷工、事假等情况的，不适用最低工资标准。但劳动者依法享受带薪年休假、探亲假、婚丧假、生育（产）假、节育手术假等国家规定的假期期间，以及法定工作时间内依法参加社会活动期间，视为提供了正常劳动。

【相关案例】

巩义市第六高级中学与吴某某劳动争议上诉案

被告巩义市第六高级中学（以下简称巩义六中）的前身为1972年设立的巩县西村公社五七高中，原告吴某某自建校之初即到该校工作，2000年8月，开始担任伙食管理员，月工资300元。2001年，被告对学校食堂进行改制，原告开始回家休息，被告每个月为原告发放生活补助费100元。2003年，原告再次返回被告学校，担任茶炉工，月工资仍为300元，直到2007年10月，原告以工资低为由请假离校回家，后未再返校工作。原告称被告拒绝其继续回校上班，而被告则称原告自行离职，但双方均未举证证明，之后，被告已另找人在此岗位工作。另查明，原、被告之间一直未签订劳动合同，未在劳动人事部门办理招录用手续，被告未给原告缴纳各项社会保险费用。2007年10月26日，原告向巩义市劳动争议仲裁委员会提出申诉，要求被告支付其养老保险金及生活费每月2000元，并补足以前因工资不合理所欠的工资，该仲裁委于2007年11月22日作出裁决，由被告依双方约定，在原告离校后每月为其支付生活补助费100元。原告不服裁决，提起本案诉讼。原审法院认为，原、被告之间虽然未签订劳动合同，但双方之间形成了事实劳动关系。对于原告的两项诉讼请求，应分别作不同处理。原告系被告单位非在编职工，已与被告形成劳动关系。在劳动法实施之前并无法律强制性规定，要求单位给非在编职工缴纳统筹金。原告的此部分上诉请求缺乏法律依据，不予支持。但依照劳动法第72条的规定，用人单位和劳动者必须依法参加社会保险，缴纳社会保险费。该法是1995年1月1日起施行，从此之后，被告应当在社保部门为原告建立社保账户，并依照社保部门核定的标准为原告缴纳社会保险费用。另外劳动法第48条第2款规定，用人单位支付劳动者的工资不得低于当地最低工资标准。根据郑州市劳动和社会保障部门公布的数据，从2005年10月开始，巩义市的最低工资标准从每月300元调整到450元，从2007年10月1日起调整为每月550元。从2005年10月到2007年10月，被告一直按每月300元为原告发放工资，低于上述最低工资标准，原告请求被告补发其中的差额，应予支持。被告少发的工资差额为3850元，根据原劳动部《违反〈劳动法〉有关劳动合同规定的赔偿办法》第 3 条第 1 项的规定，被告没有及时足额发放工资，应给予原告 25% 的补偿，即 962.5 元；根据《违反和解除劳动合同的经济补偿办法》第 5 条、第 10 条的规定，解除劳动合同，被告应给予原告不超过 12 个月的工资补偿，即 6100 元，还应支付 50% 的额外补偿金，即 3050 元。以上共计 13862.5 元。原告请求高于此数额的部分，缺乏法律依据，不予支持。巩义市第六高级中学不服提起上诉，二审法院判决驳回上诉，维持原判。

【法条指引】

中华人民共和国劳动法（节录）

第四十九条 确定和调整最低工资标准应当综合参考下列因素：
（一）劳动者本人及平均赡养人口的最低生活费用；
（二）社会平均工资水平；
（三）劳动生产率；
（四）就业状况；
（五）地区之间经济发展水平的差异。

中华人民共和国劳动合同法（节录）

第五十五条 集体合同中劳动报酬和劳动条件等标准不得低于当地人民政府规定的最低标准；用人单位与劳动者订立的劳动合同中劳动报酬和劳动条件等标准不得低于集体合同规定的标准。

第八十五条 用人单位有下列情形之一的，由劳动行政部门责令限期支付劳动报酬、加班费或者经济补偿；劳动报酬低于当地最低工资标准的，应当支付其差额部分；逾期不支付的，责令用人单位按应付金额百分之五十以上百分之一百以下的标准向劳动者加付赔偿金：
（一）未按照劳动合同的约定或者国家规定及时足额支付劳动者劳动报酬的；
（二）低于当地最低工资标准支付劳动者工资的；
（三）安排加班不支付加班费的；
（四）解除或者终止劳动合同，未依照本法规定向劳动者支付经济补偿的。

最低工资规定（节录）

第十二条 在劳动者提供正常劳动的情况下，用人单位应支付给劳动者的工资在剔除下列各项以后，不得低于当地最低工资标准：

（一）延长工作时间工资；

（二）中班、夜班、高温、低温、井下、有毒有害等特殊工作环境、条件下的津贴；

（三）法律、法规和国家规定的劳动者福利待遇等。

实行计件工资或提成工资等工资形式的用人单位，在科学合理的劳动定额基础上，其支付劳动者的工资不得低于相应的最低工资标准。

劳动者由于本人原因造成在法定工作时间内或依法签订的劳动合同约定的工作时间内未提供正常劳动的，不适用于本条规定。

第二节　津贴和特殊情况下的工资支付

【规则要点】

用人单位除应支付劳动者正常的工资外，还应对在特殊情况下工作的职工所付出的额外劳动消耗和生活费用进行合理补偿。另外，依照法律、法规规定或约定，用人单位在特殊时间内或特殊工作情况下也应支付给劳动者工资。

【理解与适用】

一、津贴制度

津贴，是对在特殊情况下工作的职工所付出的额外劳动消耗和生活费用进行合理补偿的附加劳动报酬和物质鼓励，是劳动报酬的一种补充形式。

中国现行的津贴制度的基本内容，可依据其发放目的，分为以下几类：

1. 为补偿职工额外劳动消耗而设立的津贴。这类津贴包括：地质勘探野外津贴、井下津贴、高空作业津贴、林区津贴、艰苦气象台站津贴、夜班津贴、海岛津贴、水电施工津贴、船员津贴等。

2. 为保障职工身体健康而设立的津贴。如对从事高温、粉尘、高压、有毒有害气体、接触放射性物质和从事潜水作业等工作发放的高温津贴和保健津贴。

3. 为保障职工实际工资收入和补偿职工生活费用的额外支出而设立的津贴。如地区生活费津贴、流动施工津贴等。

4. 为维护社会所需要的工作的正常进行而设立的津贴。如环卫工人、物质回收工人所享有的津贴等。

二、特殊情况下的工资

特殊情况下的工资，是指依照法律、法规规定或约定，在特殊时间内或特殊工作情况下支付给劳动者的工资。

中国现行的特殊情况下的工资，主要有如下几种：

1. 加班加点工资

有下列情形之一的，用人单位应当按照下列标准支付高于劳动者正常工作时间工资的工资报酬：

① 安排劳动者延长工作时间的，支付不低于工资的150%的工资报酬；

② 休息日安排劳动者工作又不能安排补休的，支付不低于工资的200%的工资报酬；

③ 法定休假日安排劳动者工作的，支付不低于工资的300%的工资报酬。

对于其他工作时间的加班加点工资问题，应分别按以下原则执行：

① 实行计件工资的劳动者，在完成计件定额任务后，由用人单位安排延长工作时间的，应按照标准工作时间制度加班工资发放的原则，分别按照不低于其本人法定工作时间计价单价的150%、200%、300%支付工资。

② 实行综合工时制的劳动者，其综合计算的工作时间超过法定标准工作时间的部分，应视为延长工作时间，并按照劳动者本人日或者小时标准的150%支付加班工资。

③ 实行不定时工时制的劳动者，不执行加班工资规定。

2. 休假期间工资

劳动者的休假期间包括法定休假、年休假、婚丧假及事假。其中，法定休假、年休假和婚丧假都属于带薪休假，休假期间用人单位应当支付工资。劳动者请事假，一般不发给工资，但学徒工请事假的，生活费照发。劳动者旷工的，停发工资，并按规定给以相应的处罚。

3. 停发工资

《工资支付暂行规定》规定，非因劳动者原因造成单位停工、停产在一个工资支付周期内的，用人单位应按劳动合同规定的标准支付劳动者工资。超过一个工资支付周期的，若劳动者提供了正常劳动，则支付给劳动者的劳动报酬不得低于当地的最低工资标准；若劳动者没有提供正常劳动，应按国家有关规定办理。

4. 履行国家或社会义务期间的工资

劳动者在法定工作时间内依法参加社会活动期间，用人单位应视同其提供了正常劳动而支付工资。社会活动包括：依法行使选举权或被选举权；当选代表出席乡（镇）、区以上政府、党派、工会、青年团、妇女联合会等组织召开的会议；出任人民法庭证明人；出席劳动模范、先进工作者大会；工会法规定的不脱产工会基层委员会委员因工会活动占用的生产或工作时间；其他依法参加的社会活动。

5. 学习和培训期间工资

经用人单位推荐或批准，劳动者临时脱产或半脱产到有关学校参加学习期间，工资照发；经本单位同意脱产参加函授学习的，在规定的脱产面授学习期间，工资照发；经本单位同意脱产参加成人教育学习的，学习期间工资照发。

6. 女职工在怀孕检查期间的工资

用人单位不得将怀孕女职工孕期检查身体按事假扣发工资。用人单位不得在女职工怀孕期、产期、哺乳期降低其基本工资，或者解除劳动合同。

【法条指引】

中华人民共和国劳动合同法（节录）

第三十一条 用人单位应当严格执行劳动定额标准，不得强迫或者变相强迫劳动者加班。用人单位安排加班的,应当按照国家有关规定向劳动者支付加班费。

工资支付暂行规定

第十三条 用人单位在劳动者完成劳动定额或规定的工作任务后,根据实际需要安排劳动者在法定标准工作时间以外工作的,应按以下标准支付工资:

(一)用人单位依法安排劳动者在日法定标准工作时间以外延长工作时间的,按照不低于劳动合同规定的劳动者本人小时工资标准的150%支付劳动者工资;

(二)用人单位依法安排劳动者在休息日工作,而又不能安排补休的,按照不低于劳动合同规定的劳动者本人日或小时工资标准的200%支付劳动者工资;

(三)用人单位依法安排劳动者在法定休假节日工作的,按照不低于劳动合同规定的劳动者本人日或小时工资标准的300%支付劳动者工资。

实行计件工资的劳动者,在完成计件定额任务后,由用人单位安排延长工作时间的,应根据上述规定的原则,分别按照不低于其本人法定工作时间计件单价的150%、200%、300%支付其工资。

经劳动行政部门批准实行综合计算工时工作制的,其综合计算工作时间超过法定标准工作时间的部分,应视为延长工作时间,并应按本规定支付劳动者延长工作时间的工资。

实行不定时工时制度的劳动者,不执行上述规定。

第三节 工资保障制度

【规则要点】

中国工资保障法律制度的基本内容可概括为三个方面:保障劳动者工资水平的法律、保障工资按规定支付的法律和严禁非法扣除劳动者工资的法律。

【理解与适用】

一、保障劳动者工资水平

为了保障劳动者的工资水平在现有基础上不断提高,劳动法作出了相应的规定:一方面,保障劳动者实际工资不因为物价因素的影响而下降;另一方面,建立最低工资保障制度,使劳动者的工资水平能满足劳动者及其家人的最低基本生活需要。

二、保障工资按规定支付

用人单位应当按规定及时支付给劳动者工资报酬,对于无故拖欠劳动者工资,拒不支付劳动者延长劳动时间工资,低于当地最低工资标准支付劳动者工资,破产清算时不按规定顺序首先支付劳动者工资,以及停工时不按规定支付停工工资等,劳动行政部门有权责令其支付劳动者工资和给予经济补偿。

三、严禁非法扣除劳动者工资

劳动法规定,工资应当以货币形式按月支付给劳动者本人,也就是说,工资的支付形式为货币,且应按月给付劳动者。但非全日制用工劳动报酬结算支付周期最长不得超过15日。用人单位不得克扣或者无故拖欠劳动者的工资。非法扣除劳动者工资的,劳动者可以向劳动行政部门提出申诉,由劳动行政部门责令用人单位按规定支付工资和经济补偿,并责令其支付赔偿金;也可以依法向劳动争议仲裁机关申请仲裁。

法律规定的允许扣除劳动者工资的情形具体包括:

1.《工资支付暂行规定》规定,用人单位不得克扣劳动者工资。有下列情况之一的,用人单位可以代扣劳动者工资:

① 用人单位代扣代缴的个人所得税;
② 用人单位代扣代缴的应由劳动者个人负担的各项社会保险费用;
③ 法院判决、裁定中要求代扣的抚养费、赡养费;
④ 法律、法规规定可以从劳动者工资中扣除的其他费用。

2. 因劳动者本人原因给用人单位造成经济损失的,用人单位可按照劳动合同的约定要求其赔偿经济损失，可从劳动者本人的工资中扣除。

经济损失的赔偿，可从劳动者本人的工资中扣除。但每月扣除的部分不得超过劳动者当月工资的20%。若扣除后的剩余工资部分低于当地月最低工资标准，则按最低工资标准支付。

3. 生效法律文书确定的抚养费、赡养费、损害赔偿金等，可从劳动者本人的工资中扣除。

依据人民法院已经生效的判决、裁定或其他法律文件，以及仲裁机关已经生效的仲裁文件，从应负法律责任的劳动者工资中扣除其应当承担的抚养费、赡养费、损害赔偿金或者其他款项。但每月扣除后，应保证该劳动者的基本生活需要。

4. 法律、法规规定可以从劳动者工资中扣除的其他费用。

刑法规定，以转移财产、逃匿等方法逃避支付劳动者的劳动报酬或者有能力支付而不支付劳动者的劳动报酬，数额较大，经政府有关部门责令支付仍不支付的，处3年以下有期徒刑或者拘役，并处或者单处罚金；造成严重后果的，处3年以上7年以下有期徒刑，并处罚金。单位犯上述罪的，对单位判处罚金，并对其直接负责的主管人员和其他直接责任人员，依照前款的规定处罚。有前两款行为，尚未造成严重后果，在提起公诉前支付劳动者的劳动报酬，并依法承担相应赔偿责任的，可以减轻或者免除处罚。通过对"拒不支付劳动报酬"的行为入刑，加大了对恶意欠薪行为的打击力度。

【风险提示】

用人单位以转移财产、逃匿等方法逃避支付劳动者的劳动报酬或者有能力支付而不支付劳动者的劳动报酬，数额较大，经政府有关部门责令支付仍不支付的，构成刑事犯罪，将被处以相应刑罚。

【相关案例】

胡某某拒不支付劳动报酬案

被告人胡某某于2010年12月分包了位于四川省双流县黄水镇的三盛

翡俪山一期景观工程的部分施工工程，之后聘用多名民工入场施工。施工期间，胡某某累计收到发包人支付的工程款51万余元，已超过结算时确认的实际工程款。2011年6月5日工程完工后，胡某某以工程亏损为由拖欠李某某等20余名民工工资12万余元。6月9日，双流县人力资源和社会保障局责令胡某某支付拖欠的民工工资，胡某某却于当晚订购机票并在次日早上乘飞机逃匿。6月30日，四川锦天下园林工程有限公司作为工程总承包商代胡某某垫付民工工资12万余元。7月4日，公安机关对胡某某拒不支付劳动报酬案立案侦查。7月12日，胡某某在浙江省慈溪市被抓获。

法院生效裁判认为：被告人胡某某拒不支付20余名民工的劳动报酬达12万余元，数额较大，且在政府有关部门责令其支付后逃匿，其行为构成拒不支付劳动报酬罪。被告人胡某某虽然不具有合法的用工资格，又属于没有相应建筑工程施工资质而承包建筑工程施工项目，且违法招用民工进行施工，但上述情况不影响以拒不支付劳动报酬罪追究其刑事责任。本案中，胡某某逃匿后，工程总承包企业按照有关规定清偿了胡某某拖欠的民工工资，其清偿拖欠民工工资的行为属于为胡某某垫付，这一行为虽然消减了拖欠行为的社会危害性，但并不能免除胡某某应当支付劳动报酬的责任，因此，对胡某某仍应当以拒不支付劳动报酬罪追究刑事责任。

【法条指引】

中华人民共和国劳动法（节录）

第四十四条　有下列情形之一的，用人单位应当按照下列标准支付高于劳动者正常工作时间工资的工资报酬：

（一）安排劳动者延长工作时间的，支付不低于工资的百分之一百五十的工资报酬；

（二）休息日安排劳动者工作又不能安排补休的，支付不低于工资的百分之二百的工资报酬；

（三）法定休假日安排劳动者工作的，支付不低于工资的百分之三百的工资报酬。

第五十条 工资应当以货币形式按月支付给劳动者本人。不得克扣或者无故拖欠劳动者的工资。

第五十一条 劳动者在法定休假日和婚丧假期间以及依法参加社会活动期间，用人单位应当依法支付工资。

工资支付暂行规定（节录）

第十五条 用人单位不得克扣劳动者工资。有下列情况之一的，用人单位可以代扣劳动者工资：

（1）用人单位代扣代缴的个人所得税；

（2）用人单位代扣代缴的应由劳动者个人负担的各项社会保险费用；

（3）法院判决、裁定中要求代扣的抚养费、赡养费；

（4）法律、法规规定可以从劳动者工资中扣除的其他费用。

中华人民共和国刑法（节录）

第二百七十六条之一 以转移财产、逃匿等方法逃避支付劳动者的劳动报酬或者有能力支付而不支付劳动者的劳动报酬，数额较大，经政府有关部门责令支付仍不支付的，处三年以下有期徒刑或者拘役，并处或者单处罚金；造成严重后果的，处三年以上七年以下有期徒刑，并处罚金。

单位犯前款罪的，对单位判处罚金，并对其直接负责的主管人员和其他直接责任人员，依照前款的规定处罚。

有前两款行为，尚未造成严重后果，在提起公诉前支付劳动者的劳动报酬，并依法承担相应赔偿责任的，可以减轻或者免除处罚。

第六章

工作时间与休息时间制度

第一节 工作时间制度

【规则要点】

关于工作时间,不仅劳动法中有专章进行规定,而且国务院还发布了《国务院关于职工工作时间的规定》,原人事部发布了《人事部贯彻〈国务院关于职工工作时间的规定〉的实施办法》,从不同法律规范层次形成和完善了中国的工作时间法律体系。

【理解与适用】

一、标准工时制

标准工时制度,是由立法确定一昼夜中工作时间长度、一周中工作日天数,并要求各用人单位和一般职工普遍实行的基本工时制度。

劳动法和《国务院关于职工工作时间的规定》规定,目前的标准工时制度包括两个方面的内容:

1. 劳动者每日工作时间不得超过 8 小时,每周工作时间不得超过 44 小时。需要说明的是,这两个关于工作时间的限制标准必须全部满足,否则就会构成对劳动者休息权的侵害。

2. 每周至少休息 1 日,即劳动者按照日历时间每周至少有一个连续 24 小时的休息时间。

二、计件工时制

计件工时制，是以劳动者完成一定数量的合格产品或者一定的作业量来确定劳动报酬的一种劳动形式。

劳动法规定，对实行计件工作的劳动者，用人单位应当根据标准工时制来合理确定其劳动定额和计件报酬标准。

三、缩短工时制

缩短工时制，是规定劳动者每个工作日的工作时间少于标准工作日长度或者每周工作天数少于标准工作天数的工作时间制度。根据《国务院关于职工工作时间的规定》，在特殊条件下从事劳动和有特殊情况，需要适当缩短工作时间的，按照国家有关规定执行。

四、其他工时制

劳动法规定，企业因生产特点不能实行标准工时制、计件工时制和缩短工时制的，经劳动行政部门批准，可以实行其他工作和休息办法。其他工时制的种类主要包括：不定时工作制、综合计算工时工作制、非全日制工作时间和弹性工作时间。

1. 不定时工作制

不定时工作制是指因工作性质和工作职责的限制，劳动者的工作时间不能受固定时数限制的工时制度。

原劳动部《关于企业实行不定时工作制和综合计算工时工作制的审批办法》规定，企业对符合下列条件之一的职工，可以实行不定时工作制：

① 企业中的高级管理人员、外勤人员、推销人员、部分值班人员和其他因工作无法按标准工作时间衡量的职工；

② 企业中的长途运输人员、出租汽车司机和铁路、港口、仓库的部分装卸人员以及因工作性质特殊，需要机动作业的职工；

③ 其他因生产特点、工作特殊需要或职责范围的关系，适合实行不定时工作制的职工。

2. 综合计算工时工作制

综合计算工时工作制，是指分别以周、月、季、年等为周期，综合计算工作时间,但其平均日工作时间和平均周工作时间应与法定标准工作时间基本相同的工时制度。

原劳动部《关于企业实行不定时工作制和综合计算工时工作制的审批办法》规定,企业对符合下列条件之一的职工,可实行综合计算工时工作制:

① 交通、铁路、邮电、水运、航空、渔业等行业中因工作性质特殊,需连续作业的职工;

② 地质及资源勘探、建筑、制盐、制糖、旅游等受季节和自然条件限制的行业的部分职工;

③ 其他适合实行综合计算工时工作制的职工。

3. 非全日制工作时间

非全日制用工是指以小时计酬,劳动者在同一用人单位平均每日工作时间不超过4小时,累计每周工作时间不超过24小时的用工形式。

4. 弹性工作时间

弹性工作时间的特点为:把一个工作日分为核心时间和弹性时间两部分,在核心时间内,所有职工必须同时按岗上班,其余的弹性时间则由劳动者自由选定上岗工作,只要补足每天规定的标准工作时数即可。近年来,中国有些企业经过劳动行政部门的批准,试行弹性工作制。

【风险提示】

1. 对于实行不定时工作制和综合计算工时工作制等其他工作和休息办法的职工,企业应根据劳动法有关规定,在保障职工身体健康并充分听取职工意见的基础上,采用集中工作、集中休息、轮休调休、弹性工作时间等适当方式,确保职工的休息休假权利和生产、工作任务的完成。

2. 中央直属企业实行不定时工作制和综合计算工时工作制等其他工作和休息办法的,经国务院行业主管部门审核,报国务院劳动行政部门批准。地方企业实行不定时工作制和综合计算工时工作制等其他工作和休息办法的审批办法,由各省、自治区、直辖市人民政府劳动行政部门制定,报国务院劳动行政部门备案。

【相关案例】

吉林市龙潭区金珠镇卫生院与李某某劳动争议纠纷案

被告李某某于 2011 年 9 月 12 日入职原告吉林市龙潭区金珠镇卫生院从事护士和公共卫生工作，并于入职当月的 21 日与被告签订了固定期限为 3 年（即从 2011 年 9 月 21 日起至 2014 年 9 月 20 日止）的书面劳动合同，月工资为 3 年 1200 元，期间曾相继涨到 1300 元、1500 元、1700 元、2300 元，一直工作至 2018 年 7 月 12 日，解除前工资涨至 2500 元。2018 年 7 月 12 日，吉林市龙潭区金珠镇卫生院单方面通知辞退李某某，并未予任何补偿。吉林市龙潭区金珠镇卫生院从李某某 2011 年 9 月 21 日入职后，在休息日（周六）一直安排李某某上半天班。李某某于 2018 年 8 月 15 日向吉林市龙潭区劳动仲裁委员会提起仲裁，吉林市龙潭区劳动仲裁委员会于 2018 年 9 月 19 日作出仲裁裁决，要求吉林市龙潭区金珠镇卫生院在裁决书生效后的 7 日内，给付李某某经济补偿金等共计 71665.19 元。吉林市龙潭区金珠镇卫生院不服判决，遂诉至法院，法院认为：原告的诉讼请求无法律依据。1995 年 5 月 1 日实施的《国务院关于职工工作时间的规定》第 3 条规定："职工每日工作 8 小时、每周工作 40 小时。……"《人事部贯彻〈国务院关于职工工作时间的规定〉的实施办法》第 2 条、第 3 条也分别规定了："本办法适用于中华人民共和国境内的国家机关、社会团体和事业单位的职工。"职工每日工作 8 小时，每周工作 40 小时。国家机关、事业单位实行统一的工作时间，星期六和星期日为周休息日。因此，原告在被告 2011 年入职以来直至解除前，一直安排被告每周六上半天班，显然有悖于上述规定。尽管没有违反法律规定的每周工作时间不超过 44 小时，但毕竟超过了 8 小时的标准工时，并且是安排在了法定休息日。劳动法第 44 条第 2 款规定："有下列情形之一的用人单位应当按照下列标准支付劳动者正常工作时间的工资报酬：……（二）休息日安排劳动者工作又不能安排补休的，支付不低于工资的百分之二百的工资报酬。"《关于贯彻执行〈中华人民共和国劳动法〉若干问题的意见》第 4 条第 1 款第 70 项又规定了："休息日安排劳动者工作的应先按同等时间安排其补休，不能安排补休的应按劳动法第四十四条第（二）项的规定支付劳动者延长工作时间的工资报酬。……"所以，吉林市龙潭区劳动仲裁委员会仲裁裁决要求原告向被告支付周六半天加班费29186.19元的计算合理，具有事实和法律依据，法院予以支持。

【法条指引】

中华人民共和国劳动法（节录）

第三十六条　国家实行劳动者每日工作时间不超过八小时、平均每周工作时间不超过四十四小时的工时制度。

第三十七条　对实行计件工作的劳动者，用人单位应当根据本法第三十六条规定的工时制度合理确定其劳动定额和计件报酬标准。

第二节　休息时间制度

【规则要点】

劳动者依法享有休息时间，即指劳动者按法律规定不必从事生产和工作，而由自己自由支配的时间，既包括工时制度规定时间之外的时间，也包括节假日和年休假时间。

【理解与适用】

中国休息时间的种类，是依据生产经营特点、劳动者的基本活动的需要等因素来确定的。从法律规定看，主要包括以下几种。

一、工作日内的间歇休息时间

工作日内的间歇休息时间，是劳动者用膳和工间休息，以恢复体力和脑力的时间。依据劳动者生理规律和习惯，劳动者应在工作4小时后有一次间歇休息时间。间歇休息时间的具体长度由企业自己根据生产经营特点而定，但最短不得少于半小时。

二、工作日之间的休息时间

劳动法规定了工作日之间的休息时间,即劳动者每日工作时间不超过8小时,每个工作日之间应给予劳动者足够的休息时间。实行轮班制的企业,其班次必须平均轮换,并且不得使劳动者连续工作两个工作日。

三、工作周之间的休息日

中华人民共和国境内的国家机关、社会团体和事业单位的职工每日工作8小时,每周工作40小时。国家机关、事业单位实行统一的工作时间,星期六和星期日为周休息日。因工作需要,不能执行国家统一的工作和休息时间的部门和单位,可根据实际情况采取轮班制的办法,灵活安排周休息日,并报同级人事部门备案。劳动者在一个工作周内,至少应当有一整日以上的休息时间。

四、法定节日休息时间

为了满足劳动者对特定节假日的庆祝或纪念等需要,劳动法及国务院发布的《全国年节及纪念日放假办法》作了较为系统、详细的规定,具体包括以下内容:

1. 属于全体公民放假的节日

主要包括:

① 新年,放假1天(1月1日);

② 春节,放假3天(农历正月初一、初二、初三);

③ 清明节,放假1天(农历清明当日);

④ 劳动节,放假1天(5月1日);

⑤ 端午节,放假1天(农历端午当日);

⑥ 中秋节,放假1天(农历中秋当日);

⑦ 国庆节,放假3天(10月1日、2日、3日)。

上述节假日如果适逢星期六、星期日,应当在工作日补假。

2. 属于部分公民放假的节日及纪念日

主要包括:

① 妇女节(3月8日),妇女放假半天;

② 青年节（5月4日），14周岁以上的青年放假半天；

③ 儿童节（6月1日），不满14周岁的少年儿童放假1天；

④ 中国人民解放军建军纪念日（8月1日），现役军人放假半天。

与前述属于全体公民放假的节日不同的是，部分公民放假的假日，如果适逢星期六、星期日，不补假。

3. 少数民族习惯的节日

由各少数民族聚居地区的地方人民政府，按照各该民族习惯，规定放假日期。

五、探亲假

探亲假，是指与父母或配偶分居两地的职工，在一定期限内所享受的一定期限的带薪假期。

根据《国务院关于职工探亲待遇的规定》和《财政部关于职工探亲路费的规定》，职工探亲假及其待遇主要包括以下具体内容：

1. 享受探亲假的条件

凡在国家机关、人民团体和全民所有制企业、事业单位工作满1年的固定职工，与配偶不住在一起，又不能在公休假日团聚的，可以享受探望配偶的待遇；与父亲、母亲都不住在一起，又不能在公休假日团聚的，可以享受探望父母的待遇。但是，职工与父亲或与母亲一方能够在公休假日团聚的，不能享受本规定探望父母的待遇。

2. 探亲假期

职工探亲假期包括：

① 职工探望配偶的，每年给予一方探亲假一次，假期为30天。

② 未婚职工探望父母，原则上每年给假一次，假期为20天。如果因为工作需要，本单位当年不能给予假期，或者职工自愿两年探亲一次的，可以两年给假一次，假期为45天。

③ 已婚职工探望父母的，每4年给假一次，假期为20天。

需要说明的是，探亲假期是指职工与配偶、父母团聚的时间，另外，根据实际需要给予路程假。上述假期均包括公休假日和法定节日在内。

3. 探亲假期间待遇

职工在探亲假期内，按照本人的标准工资发给工资。此外，还应当报销职工的探亲路费。职工探望配偶和未婚职工探望父母的往返路费，由所在单位负担。已婚职工探望父母的往返路费，在本人月标准工资 30% 以内的，由本人自理，超过部分由所在单位负担。

职工探亲往返车船费，按下列标准开支：

① 乘火车（包括直快、特快）的，不分职级，一律报硬席座位费，年满 50 周岁以上并连续乘火车 48 小时以上的可报硬席卧铺费。

② 乘轮船的，报四等舱位（或比统舱高一级舱位）费。

③ 乘长途公共汽车及其他民用交通工具的，凭据按实支报销。其他民用交通工具的范围和乘坐条件，由各省、直辖市自行规定。

④ 探亲途中的市内交通费，可按起止站的直线公共电车、汽车、轮渡费凭据报销。但乘坐市内出租机动车辆的开支，应由职工自理，不予报销。

⑤ 职工探亲不得报销飞机票，因故乘坐飞机的，可按直线车、船票价报销，多支部分由职工自理。

⑥ 职工探亲往返途中，限于交通条件，必须中途转车、转船并在中转地点住宿的，每中转一次，可凭据报销一天的普通房间床位的住宿费。如中转住宿费超过规定天数的，其超过部分由职工自理。职工探亲途中连续乘长途汽车及其他民用交通工具，夜间停驶必须住宿的，其住宿费凭据报销。职工探亲途中，遇到意外交通事故（如坍方道路受阻，洪水冲毁桥梁）造成交通暂时停顿，其等待恢复期间的住宿费，可凭当地交通机关证明和住宿费单据报销。

六、年休假

年休假是国家根据劳动者工作年限给予的一定期间的带薪连续休假。

根据国务院颁布的《职工带薪年休假条例》和人力资源和社会保障部发布的《企业职工带薪年休假实施办法》，年休假包括以下内容：

1. 年休假是一种带薪休假

职工在年休假期间享受与正常工作期间相同的工资收入。

2. 年休假的享受条件

机关、团体、企业、事业单位、民办非企业单位、有雇工的个体工商户等单位的职工连续工作 1 年以上的，享受带薪年休假。

但是，职工有下列情形之一的，不享受当年的年休假：

① 职工依法享受寒暑假，其休假天数多于年休假天数的；

② 职工请事假累计 20 天以上且单位按照规定不扣工资的；

③ 累计工作满 1 年不满 10 年的职工，请病假累计 2 个月以上的；

④ 累计工作满 10 年不满 20 年的职工，请病假累计 3 个月以上的；

⑤ 累计工作满 20 年以上的职工，请病假累计 4 个月以上的。

3. 年休假的假期

职工累计工作已满 1 年不满 10 年的，年休假 5 天；已满 10 年不满 20 年的，年休假 10 天；已满 20 年的，年休假 15 天。国家法定休假日、休息日不计入年休假的假期。

4. 休假规则

单位根据生产、工作的具体情况，并考虑职工本人意愿，统筹安排职工年休假。年休假在 1 个年度内可以集中安排，也可以分段安排，一般不跨年度安排。单位因生产、工作特点确有必要跨年度安排职工年休假的，可以跨 1 个年度安排。单位确因工作需要不能安排职工休年休假的，经职工本人同意，可以不安排职工休年休假。对职工应休未休的年休假天数，单位应当按照该职工日工资收入的 300% 支付年休假工资报酬。

5. 县级以上地方人民政府人事部门、劳动部门应当依据职权对单位执行的情况主动进行监督检查。工会组织依法维护职工的年休假权利。单位不安排职工休年休假又不依照规定给予年休假工资报酬的，由县级以上地方人民政府人事部门或者劳动部门依据职权责令限期改正；对逾期不改正的，除责令该单位支付年休假工资报酬外，单位还应当按照年休假工资报酬的数额向职工加付赔偿金；对拒不支付年休假工资报酬、赔偿金的，属于公务员和参照公务员法管理的人员所在单位的，对直接负责的主管人员以及其他直接责任人员依法给予处分；属于其他单位的，由劳动部门、人事部门或者职工申请人民法院强制执行。

七、其他休假

职工本人结婚或直系亲属（父母、配偶、子女）死亡时由本单位领导批准，可享受 1~3 天的婚、丧假。职工在外地的直系亲属死亡时需要职工本人前去料理丧事的，可以根据路程远近给予路程假。在批准的婚、丧假和路程假期间，职工的工资照发。

根据《女职工劳动保护特别规定》，女职工生育享受 98 天产假，其中产前可以休假 15 天；难产的，增加产假 15 天；生育多胞胎的，每多生育 1 个婴儿，增加产假 15 天。女职工怀孕未满 4 个月流产的，享受 15 天产假；怀孕满 4 个月流产的，享受 42 天产假。

【相关案例】

李某某与陕西诚悦物业管理有限责任公司劳动争议案

原告李某某于 2014 年 11 月 4 日入职被告陕西诚悦物业管理有限责任公司处，双方签订了书面《劳动合同书》，约定合同期限自 2014 年 11 月 4 日至 2016 年 10 月 31 日，岗位为秩序维护，实行不定时工作制或综合计算工时制。2016 年 11 月 4 日，双方再次签订了期限为 2 年，即从 2016 年 11 月 4 日至 2018 年 11 月 3 日止的《劳动合同书》。在职期间，原告的工资通过银行转账代发，月平均工资为 2786.88 元。2018 年 3 月 21 日，原告在仲裁庭审过程中当庭通知被告解除劳动合同，同年 5 月 15 日原告到被告处办理了离职手续。被告未安排原告休年休假，亦未给原告办理各项社会保险。

法院认为：《职工带薪年休假条例》第 3 条规定，职工累计工作已满 1 年不满 10 年的，年休假 5 天。第 5 条规定，对职工应休未休的年休假天数，单位应当按照该职工日工资收入的 300% 支付年休假工资报酬。人力资源和社会保障部《企业职工带薪年休假实施办法》第 12 条规定，用人单位与职工解除或者终止劳动合同时，当年度未安排职工休满应休年休假的，应当按照职工当年已工作时间折算应休未休年休假天数并支付未休年休假工资报酬，但折算后不足 1 整天的部分不支付未休年休假工资报酬。原告在职期间，被告未安排其休年休假，也未支付未休年休假工资，违反了法律规定。原告请求 2016 年之前的年休假工资，已经超过 1 年的时效，不予支持。对 2016 年和 2017 年应享受的年休假天数为 0 天，原告的月平均工资为 2786.88 元，经折算，被告应向原告支付年休假工资 2562.65 元。

【法条指引】

中华人民共和国劳动法（节录）

第三十八条 用人单位应当保证劳动者每周至少休息一日。

第四十条 用人单位在下列节日期间应当依法安排劳动者休假：

（一）元旦；

（二）春节；

（三）国际劳动节；

（四）国庆节；

（五）法律、法规规定的其他休假节日。

第四十五条 国家实行带薪年休假制度。劳动者连续工作一年以上的，享受带薪年休假。具体办法由国务院规定。

第三节　加班加点制度

【规则要点】

职工在法定节日和公休日进行工作，称作加班；超过日标准工作时间进行工作，称为加点。劳动法、国务院关于职工工作时间的规定以及《人事部贯彻〈国务院关于职工工作时间的规定〉的实施办法》等相关法律法规对加班加点制度作了较为详细的规定。

【理解与适用】

一、加班加点的一般规定

1. 延长工作时间适用人员的限制

根据劳动法、未成年人保护法以及《女职工劳动保护特别规定》，禁止安排未成年工、怀孕7个月以上的女工和哺乳未满周岁婴儿的女工加班加点。

2. 延长工作时间条件、程序的限制

劳动法规定，用人单位由于生产经营需要，经与工会和劳动者协商后可以延长工作时间。由此可知，延长工作时间必须基于用人单位生产经营的需要，并须经工会和劳动者同意。用人单位不得在未与工会和劳动者协商的情况下强迫劳动者延长工作时间。

3. 延长工作时间长度上的限制

依据劳动法的规定，用人单位由于生产经营需要，经与工会和劳动者协商后可以延长工作时间，一般每日不得超过 1 小时；因特殊原因需要延长工作时间的，在保障劳动者身体健康的条件下延长工作时间每日不得超过 3 小时，但是每月不得超过 36 小时。

4. 延长工作时间报酬上的规定

用人单位要求劳动者延长工作时间的，须支付劳动者相应的工作报酬。

根据劳动法及《工资支付暂行规定》的相关规定，用人单位应按下列标准支付劳动者延长工作时间的劳动报酬：

① 用人单位安排劳动者延长工作时间的，支付不低于工资的 150% 的工资报酬；

② 用人单位休息日安排劳动者工作又不能安排补休的，支付不低于工资的 200% 的工资报酬；

③ 用人单位法定休假日安排劳动者工作的，支付不低于工资的 300% 的工资报酬。

实行计件工资的劳动者，在完成计件定额任务后，由用人单位安排延长工作时间的，应根据上述规定的原则，分别按照不低于其本人法定工作时间计件单价的 150%、200%、300% 支付其工资。经劳动行政部门批准实行综合计算工时工作制的，其综合计算工作时间超过法定标准工作时间的部分，应视为延长工作时间，并应按规定支付劳动者延长工作时间的工资。

二、加班加点的特别规定

根据劳动法的规定，有下列情形之一的，加班加点不受延长工作时间一般规定的限制，即发生下列情况时，延长工作时间每日可以超过 1 小时或 3 小时，每月合计也可以超过 36 小时：

1. 发生自然灾害、事故或者因其他原因，威胁劳动者生命健康和财产安全，需要紧急处理的；

2. 生产设备、交通运输线路、公共设施发生故障，影响生产和公众利益，必须及时抢修的；

3. 法律、行政法规规定的其他情形。

主要包括：在法定节假日和公休假日内工作不能间断的；必须连续生产、运输或者营业的；必须利用法定节日或公休假日的停工期间进行设备检修、保养的；为了完成国防紧急任务，或者完成上级在国家计划外安排的其他紧急生产任务，以及商业、供销企业在旺季完成收购、运输、加工农副产品紧急任务的。

【相关案例】

河南大学与张某某劳动争议案

2012 年 3 月，被告张某某经人介绍到原告河南大学后勤接待中心从事保安工作。双方未签订书面劳动合同。被告每周工作 6 天，每天工作 8 小时，每月工资 1470 元。2016 年 4 月 18 日，原告河南大学后勤接待中心经理陈峰口头通知被告张某某解除劳动合同，未出具书面解除劳动合同通知书。2016 年 4 月 20 日，被告申请仲裁，开封市劳动人事争议仲裁委员会于 2016 年 6 月 23 日作出汴劳人仲案字（2016）第 95 号仲裁裁决书，裁决原告向被告支付自 2015 年 4 月 18 日至 2016 年 4 月 18 日双休日加班工资 7030.4 元。原告河南大学不服该裁决，起诉至法院。

法院认为，被告张某某于 2012 年 4 月入职原告河南大学后勤接待中心工作，双方虽未签订书面劳动合同，但已建立了事实上的劳动关系。根据相关法律规定：用人单位休息日安排劳动者工作而又不能安排补休的，支付不低于工资 200% 的报酬；法定节假日安排劳动者工作的，支付不低于工资 300% 的报酬。原告认可被告每周工作 6 天，每天工作 8 小时，对被告每月工资 1470 元的事实也不持异议。开封市劳动人事仲裁委员会裁决原告向被告支付自 2015 年 4 月 18 日至 2016 年 4 月 18 日双休日加班费 7030.4 元并未超出相关规定。故原告关于要求不向被告支付自 2015 年 4

月 18 日至 2016 年 4 月 18 日双休日加班工资 7030.4 元的诉讼请求，法院不予支持。

【法条指引】

中华人民共和国劳动法（节录）

第四十一条　用人单位由于生产经营需要，经与工会和劳动者协商后可以延长工作时间，一般每日不得超过一小时；因特殊原因需要延长工作时间的，在保障劳动者身体健康的条件下延长工作时间每日不得超过三小时，但是每月不得超过三十六小时。

第四十二条　有下列情形之一的，延长工作时间不受本法第四十一条规定的限制：

（一）发生自然灾害、事故或者因其他原因，威胁劳动者生命健康和财产安全，需要紧急处理的；

（二）生产设备、交通运输线路、公共设施发生故障，影响生产和公众利益，必须及时抢修的；

（三）法律、行政法规规定的其他情形。

第四十三条　用人单位不得违反本法规定延长劳动者的工作时间。

第七章

劳动安全卫生制度

劳动安全卫生制度，是为了保护劳动者的生命安全和身体健康而设立的一项制度。其以劳动过程为其保护范围，以改善劳动条件和劳动环境为主要途径，通过清除劳动过程中不安全和不卫生的因素，实现对劳动者生命安全和身体健康的保护。另外，由于劳动安全卫生制度以劳动者的人身为保护对象，这一制度建立的基础是劳动者的生命权和健康权，因此这项制度的实施具有强制性，它排除了通过任何协商形式变更或排除这一制度内容的可能性，同时也不允许劳动者本人基于任何动机放弃这项权利。在用人单位与劳动者签订的劳动合同中，有关免除用人单位保护责任的条款和劳动者放弃保护权利的条款一律无效。

第一节 劳动安全卫生制度基本规定

【规则要点】

劳动生产的各部门、各领域都必须遵循劳动安全卫生制度基本规定。

【理解与适用】

一、劳动安全卫生责任制

（一）安全生产责任制

1. 国家对安全生产责任制的规定

国家通过法律、行政法规以及有关部委规章对安全生产责任制进行了规定，具体内容包括：

（1）各级人民政府及其职能部门以及行业主管部门在安全生产中的责任

这类责任主要是监督、检查及事故报告处理方面的责任，如《中华人民共和国安全生产法》规定，国务院和县级以上地方各级人民政府应当加强对安全生产工作的领导，支持、督促各有关部门依法履行应急管理职责，建立健全安全生产工作协调机制，及时协调、解决安全生产监督管理中存在的重大问题。国务院应急管理部门依照安全生产法，对全国安全生产工作实施综合监督管理；县级以上地方各级人民政府应急管理部门依照安全生产法，对本行政区域内安全生产工作实施综合监督管理。国务院有关部门依照安全生产法和其他有关法律、行政法规的规定，在各自的职责范围内对有关行业、领域的安全生产工作实施监督管理；县级以上地方各级人民政府有关部门依照安全生产法和其他有关法律、法规的规定，在各自的职责范围内对有关行业、领域的安全生产工作实施监督管理。

（2）用人单位在安全生产方面的责任

例如，安全生产法规定，生产经营单位必须遵守有关安全生产的法律、法规，加强安全生产管理，建立、健全安全生产责任制和安全生产规章制度，改善安全生产条件，推进安全生产标准化建设，提高安全生产水平，确保安全生产。《中华人民共和国矿山安全法》规定，矿山企业必须建立、健全安全生产责任制。若矿山企业违反相关安全规定的，由劳动行政主管部门责令改正，可以并处罚款；情节严重的，提请县级以上人民政府决定责令停产整顿；对主管人员和直接责任人员由其所在单位或者上级主管机关给以行政处分。

（3）领导人员在安全生产中的责任

主要包括企业有关领导责任人在安全生产责任制度建立方面的责任、违章指挥生产的责任、安全生产管理失误以及失职产生的责任等。如安全生产法规定，生产经营单位的主要负责人对本单位的安全生产工作全面负责。

（4）在特殊岗位工作的劳动者的责任和安全监督检查人员应负的责任

如特种作业人员操作规程及违章操作的责任。安全生产法规定，矿山、金属冶炼、建筑施工、道路运输单位和危险物品的生产、经营、储存单位,应当设置安全生产管理机构或者配备专职安全生产管理人员。

2. 用工单位的安全生产责任制

劳动法、矿山安全法等相关法律法规,均要求用人单位必须建立内部安全生产责任制。用人单位内部的安全生产责任制,须以国家法律和行政法规确定的基本原则以及国家颁布的安全标准为准。

(二) 劳动卫生责任制度

职业病防治法规定,用人单位应当建立、健全职业病防治责任制,加强对职业病防治的管理,提高职业病防治水平,对本单位产生的职业病危害承担责任。用人单位的主要负责人对本单位的职业病防治工作全面负责。

用人单位应当采取下列职业病防治管理措施:

1. 设置或者指定职业卫生管理机构或者组织,配备专职或者兼职的职业卫生管理人员,负责本单位的职业病防治工作;

2. 制定职业病防治计划和实施方案;

3. 建立、健全职业卫生管理制度和操作规程;

4. 建立、健全职业卫生档案和劳动者健康监护档案;

5. 建立、健全工作场所职业病危害因素监测及评价制度;

6. 建立、健全职业病危害事故应急救援预案。

二、劳动安全卫生教育和培训制度

(一) 劳动安全教育和培训制度

1. 劳动安全教育

中国一贯重视安全卫生教育。例如,安全生产法就要求各级人民政府及其有关部门应当采取多种形式,加强对有关安全生产的法律、法规和安全生产知识的宣传,增强全社会的安全生产意识。实践中,几乎每一项有关安全卫生的法规颁布后,劳动行政部门都要组织广泛的宣传教育活动。

2. 用人单位负责人和安全生产管理人员应当进行劳动安全教育培训

安全生产法规定,生产经营单位的主要负责人和安全生产管理人员必须具备与本单位所从事的生产经营活动相应的安全生产知识和管理能力。危险物品的生产、经营、储存单位,以及矿山、金属冶炼、建筑施工、道路运输单位的主要负责人和安全生产管理人员,应当由主管的负有应急管理职责的部门对其安全生产知识和管理能力考核合格。考核不得收费。危险物品的生产、储存单位以及矿山、金属冶炼单位应当有注册安全工程师从事安全生产管理工作。鼓励其他生产经营单位聘用注册安全工程师从事安全生产管理工作。

3. 从业人员应当进行安全生产教育和培训

生产经营单位应当对从业人员进行安全生产教育和培训,保证从业人员具备必要的安全生产知识,熟悉有关的安全生产规章制度和安全操作规程,掌握本岗位的安全操作技能,了解事故应急处理措施,知悉自身在安全生产方面的权利和义务。未经安全生产教育和培训合格的从业人员,不得上岗作业。

生产经营单位使用被派遣劳动者的,应当将被派遣劳动者纳入本单位从业人员统一管理,对被派遣劳动者进行岗位安全操作规程和安全操作技能的教育和培训。劳务派遣单位应当对被派遣劳动者进行必要的安全生产教育和培训。

生产经营单位接收中等职业学校、高等学校学生实习的,应当对实习学生进行相应的安全生产教育和培训,提供必要的劳动防护用品。学校应当协助生产经营单位对实习学生进行安全生产教育和培训。

生产经营单位采用新工艺、新技术、新材料或者使用新设备,必须了解、掌握其安全技术特性,采取有效的安全防护措施,并对从业人员进行专门的安全生产教育和培训。

4. 建立安全生产教育和培训档案

生产经营单位应当建立安全生产教育和培训档案,如实记录安全生产教育和培训的时间、内容、参加人员以及考核结果等情况。

(二) 劳动卫生教育和培训制度

职业病防治法规定:一方面,用人单位的主要负责人和职业卫生管理人员应当接受职业卫生培训,依法组织本单位的职业病防治工作。用人单位应当对劳动者进行上岗前的职业卫生培训和在岗期间的定期职业卫生培训,普及职业卫生知识,督促劳动者遵守职业病防治法律、法规、规章和操作规程,指导劳动者正确使用职业病防护设备和个人使用的职业病防护用品。

另一方面，劳动者应当学习和掌握相关的职业卫生知识，增强职业病防范意识，遵守职业病防治法律、法规、规章和操作规程，正确使用、维护职业病防护设备和个人使用的职业病防护用品，发现职业病危害事故隐患应当及时报告。劳动者不履行上述义务的，用人单位应当对其进行教育。

三、劳动安全卫生标准制度

劳动安全卫生标准制度是国家劳动行政部门依法制定的执行劳动安全卫生法规时参照或依据的各项指标或规程。劳动法规定，国家采取各种措施，制定各项劳动安全卫生标准。比如，2017年11月20日发布的《纺织工业职业安全卫生设施设计标准》。用人单位必须严格执行上述国家劳动安全卫生规程和标准。

四、劳动安全卫生认证制度

劳动安全卫生认证制度是指在生产经营过程进行之前，依法对参与生产经营活动的主体能力、资格以及其他安全卫生因素进行审查、评价并确认资格或条件的制度。中国现行的劳动安全卫生认证，主要包括对企业资格的认证、对有关人员资格的认证和对特殊产品的认证。

（一）劳动安全认证制度

1. 对企业安全生产资格的认证

目前，中国对企业安全生产条件和资格的认证制度，主要有以下几种：

（1）矿山企业、建筑施工企业和危险化学品、烟花爆竹、民用爆破器材生产企业的安全生产许可制度

《安全生产许可证条例》规定，国家对矿山企业、建筑施工企业和危险化学品、烟花爆竹、民用爆炸物品生产企业实行安全生产许可制度。企业未取得安全生产许可证的，不得从事生产活动。国务院应急管理部门负责中央管理的非煤矿矿山企业和危险化学品、烟花爆竹生产企业安全生产许可证的颁发和管理。省、自治区、直辖市人民政府应急管理部门负责上述规定以外的非煤矿矿山企业和危险化学品、烟花爆竹生产企业安全生产许可证的颁发和管理，并接受国务院应急管理部门的指导和监督。国家煤

矿安全监察机构负责中央管理的煤矿企业安全生产许可证的颁发和管理。在省、自治区、直辖市设立的煤矿安全监察机构负责其他煤矿企业安全生产许可证的颁发和管理，并接受国家煤矿安全监察机构的指导和监督。

（2）特种设备生产经营单位的安全许可制度

特种设备，是指对人身和财产安全有较大危险性的锅炉、压力容器（含气瓶）、压力管道、电梯、起重机械、客运索道、大型游乐设施、场（厂）内专用机动车辆，以及法律、行政法规规定的其他特种设备。

根据《中华人民共和国特种设备安全法》《特种设备安全监察条例》规定，特种设备的生产（包括设计、制造、安装、改造、修理）、经营、使用、检验、检测和特种设备安全的监督管理，应当依法实行许可制度。

根据《特种设备行政许可实施办法（试行）》的规定，特种设备行政许可包括以下项目：特种设备设计许可；特种设备制造许可；特种设备安装、改造、维修许可；气瓶充装许可；特种设备使用登记；特种设备作业人员考核；特种设备检验检测机构核准；特种设备检验检测人员考核。

2. 对特殊岗位或特种作业人员的资格认证

（1）特殊岗位人员的安全资格认证

特殊岗位人员的范围包括生产经营单位的主要负责人、安全生产管理人员和其他相关人员。

生产经营单位从业人员应当接受安全培训，熟悉有关安全生产规章制度和安全操作规程，具备必要的安全生产知识，掌握本岗位的安全操作技能，了解事故应急处理措施，知悉自身在安全生产方面的权利和义务。未经安全培训合格的从业人员，不得上岗作业。

（2）对特种作业人员的安全资格认证

劳动法规定，从事特种作业的劳动者必须经过专门培训并取得特种作业资格。《特种作业人员安全技术培训考核管理规定》规范了特种作业人员的安全技术培训、考核和发证等工作。

3. 对特殊设备和产品的安全认证

为了加强对具有特殊性危害的设备或产品的安全质量管理，中国专门建立了对这类设备或产品的安全认证制度。如安全生产法规定，生产经营单位使用的危险物品的容器、运输工具，以及涉及人身安全、危险性较大的海洋石油开采特种设备和矿山井下特种设备，必须按照国家有关规定，由专业生产单位生产，并经具有专业资质的检测、检验机构检测、检验合格，取得安全使用证或者安全标志，方可投入使用。

(二) 劳动安全卫生认证制度

劳动安全卫生认证制度，是指对从事职业病健康检查、诊断、鉴定、服务的机构及其从业人员的资格，以及与劳动卫生相关的物质技术要素的质量进行严格审查并对其中符合要求者正式认可的强制性认证制度。

其具体内容包括：

1. 职业卫生技术服务机构资质认证

职业卫生技术服务机构，是指为建设项目提供职业病危害预评价、职业病危害控制效果评价，为用人单位提供职业病危害因素检测、职业病危害现状评价、职业病防护设备设施与防护用品的效果评价等技术服务的机构。

国家对职业卫生技术服务机构实行资质认可制度。职业卫生技术服务机构应当依法取得职业卫生技术服务机构资质；未取得职业卫生技术服务机构资质的，不得从事职业卫生检测、评价等技术服务。

职业卫生技术服务机构的资质从高到低分为甲级、乙级、丙级三个等级。甲级资质由国家应急管理部认可及颁发证书。乙级资质由省、自治区、直辖市人民政府应急管理部门认可及颁发证书，并报国家应急管理部备案。丙级资质由设区的市级人民政府应急管理部门认可及颁发证书，并报省级应急管理部门备案，由省级应急管理部门报国家应急管理部进行登记。

2. 职业健康检查医疗卫生机构资质认证

医疗卫生机构开展职业健康检查，应当经省级卫生计生行政部门批准。省级卫生计生行政部门应当及时向社会公布批准的职业健康检查机构名单、地址、检查类别和项目等相关信息。

承担职业健康检查的医疗卫生机构（以下简称职业健康检查机构）应当具备以下条件：

(1) 持有《医疗机构执业许可证》，涉及放射检查项目的还应当持有《放射诊疗许可证》；

(2) 具有相应的职业健康检查场所、候检场所和检验室，建筑总面积不少于400平方米，每个独立的检查室使用面积不少于6平方米；

(3) 具有与批准开展的职业健康检查类别和项目相适应的执业医师、护士等医疗卫生技术人员；

（4）至少具有 1 名取得职业病诊断资格的执业医师；

（5）具有与批准开展的职业健康检查类别和项目相适应的仪器、设备；开展外出职业健康检查，应当具有相应的职业健康检查仪器、设备、专用车辆等条件；

（6）建立职业健康检查质量管理制度。

符合以上条件的医疗卫生机构，由省级卫生计生行政部门颁发《职业健康检查机构资质批准证书》，并注明相应的职业健康检查类别和项目。

对从事接触职业病危害的作业的劳动者，用人单位应当按照国务院安全生产监督管理部门、卫生行政部门的规定组织上岗前、在岗期间和离岗时的职业健康检查，职业健康检查应当由省级以上人民政府卫生行政部门批准的医疗卫生机构承担。

3. 职业病诊断医疗卫生机构资质认证

职业病防治法规定，医疗卫生机构承担职业病诊断，应当经省、自治区、直辖市人民政府卫生行政部门批准。省、自治区、直辖市人民政府卫生行政部门应当向社会公布本行政区域内承担职业病诊断的医疗卫生机构的名单。

承担职业病诊断的医疗卫生机构应当具备下列条件：

（1）持有《医疗机构执业许可证》；

（2）具有与开展职业病诊断相适应的医疗卫生技术人员；

（3）具有与开展职业病诊断相适应的仪器、设备；

（4）具有健全的职业病诊断质量管理制度。

4. 职业病鉴定委员会人员的资格认定

职业病防治法规定，职业病诊断鉴定委员会由相关专业的专家组成。省、自治区、直辖市人民政府卫生行政部门应当设立相关的专家库，需要对职业病争议作出诊断鉴定时，由当事人或者当事人委托有关卫生行政部门从专家库中以随机抽取的方式确定参加诊断鉴定委员会的专家。职业病诊断鉴定委员会应当按照国务院卫生行政部门颁布的职业病诊断标准和职业病诊断、鉴定办法进行职业病诊断鉴定，向当事人出具职业病诊断鉴定书。职业病诊断、鉴定费用由用人单位承担。

5. 对与职业卫生联系特别紧密的物质技术要素的质量认证

例如，对职业卫生防护用品的质量认证，对职业卫生设备、工程、技术等的质量认证。

五、劳动安全卫生设施"三同时"制度

劳动安全卫生设施"三同时"制度，是指立法规定的，在中国境内的一切生产性建设项目的安全卫生设施，都必须与主体工程同时设计、同时施工、同时投入生产和使用的制度。

（一）建设项目"三同时"制度

《建设项目安全设施"三同时"监督管理办法》规定，国家应急管理部对全国建设项目安全设施"三同时"实施综合监督管理，并在国务院规定的职责范围内承担有关建设项目安全设施"三同时"的监督管理。县级以上地方各级应急管理部门对本行政区域内的建设项目安全设施"三同时"实施综合监督管理，并在本级人民政府规定的职责范围内承担本级人民政府及其有关主管部门审批、核准或者备案的建设项目安全设施"三同时"的监督管理。跨两个及两个以上行政区域的建设项目安全设施"三同时"由其共同的上一级人民政府应急管理部门实施监督管理。上一级人民政府应急管理部门根据工作需要，可以将其负责监督管理的建设项目安全设施"三同时"工作委托下一级人民政府应急管理部门实施监督管理。

生产经营单位在建设项目初步设计时，应当委托有相应资质的设计单位对建设项目安全设施同时进行设计，编制安全设施设计。安全设施设计必须符合有关法律、法规、规章和国家标准或者行业标准、技术规范的规定，并尽可能采用先进适用的工艺、技术和可靠的设备、设施。

建设项目安全设施的施工应当由取得相应资质的施工单位进行，并与建设项目主体工程同时施工。施工单位应当严格按照安全设施设计和相关施工技术标准、规范施工，并对安全设施的工程质量负责。

建设项目安全设施"三同时"违反规定，应急管理部门及其工作人员给予审批通过或者颁发有关许可证的，依法给以行政处分。

（二）劳动卫生设施"三同时"制度

职业病防治法规定，建设项目的职业病防护设施所需费用应当纳入建设项目工程预算，并与主体工程同时设计，同时施工，同时投入生产和使用。建设项目的职业病防护设施设计应当符合国家职业卫生标准和卫生要求；其中，医疗机构放射性职业病危害严重的建设项目的防护设施设计，应当经卫生行政部门审查同意后,方可施工。

建设项目在竣工验收前,建设单位应当进行职业病危害控制效果评价。医疗机构可能产生放射性职业病危害的建设项目竣工验收时,其放射性职业病防护设施经卫生行政部门验收合格后,方可投入使用;其他建设项目的职业病防护设施应当由建设单位负责依法组织验收,验收合格后,方可投入生产和使用。应急管理部门应当加强对建设单位组织的验收活动和验收结果的监督核查。

六、劳动安全卫生检查与监察制度

(一)劳动安全卫生检查制度

劳动安全卫生检查制度,是指国家有关行政部门以及企业本身对企业执行劳动安全卫生法规情况所进行的定期或不定期的检查制度。检查的内容一般包括:各种安全技术、工业卫生规程的执行情况;安全卫生措施的计划和完成情况;各项安全卫生设施的运行、检修情况;各种机械设备、产房建筑和安全设备的技术情况;个人防护用品的保管和使用情况等。

(二)劳动安全卫生监察制度

劳动安全卫生监察制度,是指国家劳动行政部门和其他有关部门对劳动安全卫生进行检查监督,并对违法行为进行制止和处罚的制度。安全生产法规定,县级以上地方各级人民政府应当根据本行政区域内的安全生产状况,组织有关部门按照职责分工,对本行政区域内容易发生重大生产安全事故的生产经营单位进行严格检查。应急管理部门应当按照分类分级监督管理的要求,制定安全生产年度监督检查计划,并按照年度监督检查计划进行监督检查,发现事故隐患,应当及时处理。负有应急管理职责的部门依法对存在重大事故隐患的生产经营单位作出停产停业、停止施工、停止使用相关设施或者设备的决定,生产经营单位应当依法执行,及时消除事故隐患。生产经营单位拒不执行,有发生生产安全事故的现实危险的,在保证安全的前提下,经本部门主要负责人批准,负有应急管理职责的部门可以采取通知有关单位停止供电、停止供应民用爆炸物品等措施,强制生产经营单位履行决定。通知应当采用书面形式,有关单位应当予以配合。负有应急管理职责的部门依照上述规定采取停止供电措施,除有危及生产安全的紧急情形外,应当提前24小时通知生产经营单位。生产经营单位依法履行行政决定、采取相应措施消除事故隐患的，负有应急管理职责的部门应当及时解除上述规定的措施。

七、职业病防治法规定的其他重要劳动卫生制度

（一）产生职业病危害的用人单位的特殊准入制度

产生职业病危害的用人单位的设立除应当符合法律、行政法规规定的设立条件外，其工作场所还应当符合下列职业卫生要求：

1. 职业病危害因素的强度或者浓度符合国家职业卫生标准；
2. 有与职业病危害防护相适应的设施；
3. 生产布局合理，符合有害与无害作业分开的原则；
4. 有配套的更衣间、洗浴间、孕妇休息间等卫生设施；
5. 设备、工具、用具等设施符合保护劳动者生理、心理健康的要求；
6. 法律、行政法规和国务院卫生行政部门、应急管理部门关于保护劳动者健康的其他要求。

（二）职业病危害项目申报制度

国家建立职业病危害项目申报制度。用人单位工作场所存在职业病目录所列职业病的危害因素的，应当及时、如实向所在地应急管理部门申报危害项目，接受监督。职业病危害因素分类目录由国务院卫生行政部门会同国务院应急管理部门制定、调整并公布。职业病危害项目申报的具体办法由国务院应急管理部门制定。

《职业病危害项目申报办法》对职业病危害项目申报制度作了具体规定。根据该办法规定，用人单位申报职业病危害项目时，应当提交《职业病危害项目申报表》和下列文件、资料：

1. 用人单位的基本情况；
2. 工作场所职业病危害因素种类、分布情况以及接触人数；
3. 法律、法规和规章规定的其他文件、资料。

用人单位有下列情形之一的，应当按照规定向原申报机关申报变更职业病危害项目内容：

1. 进行新建、改建、扩建、技术改造或者技术引进建设项目的，自建设项目竣工验收之日起30日内进行申报；
2. 因技术、工艺、设备或者材料等发生变化导致原申报的职业病危

害因素及其相关内容发生重大变化的,自发生变化之日起 15 日内进行申报;

3. 用人单位工作场所、名称、法定代表人或者主要负责人发生变化的,自发生变化之日起 15 日内进行申报;

4. 经过职业病危害因素检测、评价,发现原申报内容发生变化的,自收到有关检测、评价结果之日起 15 日内进行申报。

职业病危害项目申报同时采取电子数据和纸质文本两种方式。

【风险提示】

用人单位必须建立、健全劳动安全卫生制度,严格执行国家劳动安全卫生规程和标准,对劳动者进行劳动安全卫生教育,防止劳动过程中的事故,减少职业危害。

【法条指引】

中华人民共和国劳动法(节录)

第五十三条　劳动安全卫生设施必须符合国家规定的标准。

新建、改建、扩建工程的劳动安全卫生设施必须与主体工程同时设计、同时施工、同时投入生产和使用。

第五十四条　用人单位必须为劳动者提供符合国家规定的劳动安全卫生条件和必要的劳动防护用品,对从事有职业危害作业的劳动者应当定期进行健康检查。

第二节　劳动安全卫生技术规定

【规则要点】

为保护劳动者生命健康和安全,中国制定了严格的劳动安全卫生技术规范。外国投资者必须严格遵守这些技术规范。

【理解与适用】

劳动安全卫生技术规定，是指国家为保障劳动者人身安全和健康，减少和消除劳动过程中不安全因素而制定的关于劳动场所安全条件、生产设备使用、操作规则和程序规定的总称。

一、劳动安全技术规定

（一）工厂劳动安全技术规定

1. 工厂工作场所或环境的安全技术规范

安全生产法规定，生产经营单位应当在有较大危险因素的生产经营场所和有关设施、设备上，设置明显的安全警示标志。生产、经营、储存、使用危险物品的车间、商店、仓库不得与员工宿舍在同一座建筑物内，并应当与员工宿舍保持安全距离。生产经营场所和员工宿舍应当设有符合紧急疏散要求、标志明显、保持畅通的出口。禁止锁闭、封堵生产经营场所或者员工宿舍的出口。

2. 机械设备安全技术方面的规范

这些技术规范主要通过机械各危险部位的防护装置、压力机械安全装置、危险部位的安全指示装置的标准和要求，以及机械安全操作的规程，保证机械安全设置使用和操作。

3. 电器设备方面的安全技术规定

包括电器设备质量安全，设备的安装、操作，线路的架设，定期的检修等方面的安全技术规范。

4. 锅炉压力容器方面的安全技术规定

具体包括压力容器的制造、运输、安装、使用、保养、维修等方面的安全技术规范，《特种设备安全监察条例》对此作出了较为详细的规定。

（二）矿山企业劳动安全技术规定

矿山安全法规定，矿山设计下列项目必须符合矿山安全规程和行业技术规范：

1. 矿井的通风系统和供风量、风质、风速；

2. 露天矿的边坡角和台阶的宽度、高度；

3. 供电系统；

4. 提升、运输系统；

5. 防水、排水系统和防火、灭火系统；

6. 防瓦斯系统和防尘系统；

7. 有关矿山安全的其他项目。

矿山开采必须具备保障安全生产的条件，执行开采不同矿种的矿山安全规程和行业技术规范。矿山企业必须对下列危害安全的事故隐患采取预防措施：

1. 冒顶、片帮、边坡滑落和地表塌陷；

2. 瓦斯爆炸、煤尘爆炸；

3. 冲击地压、瓦斯突出、井喷；

4. 地面和井下的火灾、水害；

5. 爆破器材和爆破作业发生的危害；

6. 粉尘、有毒有害气体、放射性物质和其他有害物质引起的危害；

7. 其他危害。

矿山企业对使用机械、电气设备，排土场矸石山、尾矿库和矿山闭坑后可能引起的危害，应当采取预防措施。

（三）建筑安装工程劳动安全技术规定

《建设工程安全生产管理条例》规定，施工单位应当建立健全安全生产责任制度和安全生产教育培训制度，制定安全生产规章制度和操作规程，保证本单位安全生产条件所需资金的投入，对所承担的建设工程进行定期和专项安全检查，并做好安全检查记录。施工单位应当设立安全生产管理机构，配备专职安全生产管理人员。

垂直运输机械作业人员、安装拆卸工、爆破作业人员、起重信号工、登高架设作业人员等特种作业人员，必须按照国家有关规定经过专门的安全作业培训，并取得特种作业操作资格证书后，方可上岗作业。

施工单位应当在施工现场入口处、施工起重机械、临时用电设施、脚手架、出入通道口、楼梯口、电梯井口、孔洞口、桥梁口、隧道口、基坑边沿、爆破物及有害危险气体和液体存放处等危险部位，设置明显的安全警示标志。安全警示标志必须符合国家标准。

二、劳动卫生技术规定

（一）防止尘粉危害的规定

《中华人民共和国尘肺病防治条例》规定，凡有粉尘作业的企业、事业单位应采取综合防尘措施和无尘或低尘的新技术、新工艺、新设备，使作业场所的粉尘浓度不超过国家卫生标准。

（二）防止有毒有害物质中毒的规定

《使用有毒物品作业场所劳动保护条例》规定，使用有毒物品作业场所应当设置黄色区域警示线、警示标识和中文警示说明。警示说明应当载明产生职业中毒危害的种类、后果、预防以及应急救治措施等内容。高毒作业场所应当设置红色区域警示线、警示标识和中文警示说明，并设置通讯报警设备。

用人单位使用有毒物品作业场所，除应当符合职业病防治法规定的职业卫生要求外，还必须符合下列要求：

1. 作业场所与生活场所分开，作业场所不得住人；

2. 有害作业与无害作业分开，高毒作业场所与其他作业场所隔离；

3. 设置有效的通风装置；可能突然泄漏大量有毒物品或者易造成急性中毒的作业场所，设置自动报警装置和事故通风设施；

4. 高毒作业场所设置应急撤离通道和必要的泄险区。

用人单位及其作业场所符合上述规定的，由卫生行政部门发给职业卫生安全许可证，方可从事使用有毒物品的作业。

（三）防止噪声和强光刺激的规定

根据相关规定，发生强烈噪声的生产应当尽量在设有消声设备的单独工作房中进行；工作地点的局部照明亮度应符合操作技术规范和劳动卫生规范的要求；等等。

（四）防暑、降温和防冻取暖的规定

《防暑降温措施管理办法》规定，用人单位应当制定高温中暑应急预案，定期进行应急救援的演习，并根据从事高温作业和高温天气作业的劳动者数量及作业条件等情况，配备应急救援人员和足量的急救药品。用人单位应当向劳动者提供符合要求的个人防护用品，并督促和指导劳动者正确使用。用人单位应当对劳动者进行上岗前职业卫生培训和在岗期间的定期职业卫生培训，普及高温防护、中暑急救等职业卫生知识。

（五）通风照明方面的规定

根据矿山安全法等相关法律法规规定，矿井必须有完整合理的通风系统，在未形成设计规定要求的通风系统前，不准投入生产；工作场所和通道的光线应当充足，局部照明的条件应当符合操作要求，人工照明设施应保持清洁完好，启闭装置应经常保持灵活等。

【法条指引】

中华人民共和国安全生产法（节录）

第三十二条　生产经营单位应当在有较大危险因素的生产经营场所和有关设施、设备上，设置明显的安全警示标志。

第三十三条　安全设备的设计、制造、安装、使用、检测、维修、改造和报废，应当符合国家标准或者行业标准。

生产经营单位必须对安全设备进行经常性维护、保养，并定期检测，保证正常运转。维护、保养、检测应当作好记录，并由有关人员签字。

第三十四条　生产经营单位使用的危险物品的容器、运输工具，以及涉及人身安全、危险性较大的海洋石油开采特种设备和矿山井下特种设备，必须按照国家有关规定，由专业生产单位生产，并经具有专业资质的检测、检验机构检测、检验合格，取得安全使用证或者安全标志，方可投入使用。检测、检验机构对检测、检验结果负责。

第三节　生产安全事故报告、应急救援与调查处理

【规则要点】

生产安全事故报告、紧急救援与调查处理制度，是指国家制定的发生生产安全事故时，对事故进行报告、应急救援和调查处理的各项程序和具体规定。企业必须按照相关规定进行报告，开展应急救援，将损失降到最低；配合有关机关进行调查处理，承担其相应的法律责任。

【理解与适用】

一、生产安全事故的种类

《生产安全事故报告和调查处理条例》规定，事故一般分为以下等级：

1. 特别重大事故

特别重大事故是指造成30人以上死亡，或者100人以上重伤（包括急性工业中毒，下同），或者1亿元以上直接经济损失的事故。

2. 重大事故

重大事故，是指造成10人以上30人以下死亡，或者50人以上100人以下重伤，或者5000万元以上1亿元以下直接经济损失的事故。

3. 较大事故

较大事故，是指造成3人以上10人以下死亡，或者10人以上50人以下重伤，或者1000万元以上5000万元以下直接经济损失的事故。

4. 一般事故

一般事故，是指造成3人以下死亡，或者10人以下重伤，或者1000万元以下直接经济损失的事故。

二、生产安全事故的报告、应急救援和调查

（一）事故报告

事故发生后，事故现场有关人员应当立即向本单位负责人报告；单位负责人接到报告后，应当于1小时内向事故发生地县级以上人民政府应急管理部门和负有应急管理职责的有关部门报告。情况紧急时，事故现场有关人员可以直接向事故发生地县级以上人民政府应急管理部门和负有应急管理职责的有关部门报告。

应急管理部门和负有应急管理职责的有关部门接到事故报告后，应当依照下列规定上报事故情况，并通知公安机关、劳动行政部门、工会和人民检察院：

1. 特别重大事故、重大事故逐级上报至国务院应急管理部门和负有应急管理职责的有关部门。

2. 较大事故逐级上报至省、自治区、直辖市人民政府应急管理部门和

负有应急管理职责的有关部门。

3. 一般事故上报至设区的市级人民政府应急管理部门和负有应急管理职责的有关部门。

应急管理部门和负有应急管理职责的有关部门依照规定上报事故情况，应当同时报告本级人民政府。国务院应急管理部门和负有应急管理职责的有关部门以及省级人民政府接到发生特别重大事故、重大事故的报告后，应当立即报告国务院。必要时，应急管理部门和负有应急管理职责的有关部门可以越级上报事故情况。应急管理部门和负有应急管理职责的有关部门逐级上报事故情况，每级上报的时间不得超过 2 小时。

报告事故应当包括下列内容：

1. 事故发生单位概况；
2. 事故发生的时间、地点以及事故现场情况；
3. 事故的简要经过；
4. 事故已经造成或者可能造成的伤亡人数（包括下落不明的人数）和初步估计的直接经济损失；
5. 已经采取的措施；
6. 其他应当报告的情况。

事故报告后出现新情况的，应当及时补报。自事故发生之日起 30 日内，事故造成的伤亡人数发生变化的，应当及时补报。道路交通事故、火灾事故自发生之日起 7 日内，事故造成的伤亡人数发生变化的，应当及时补报。

（二）事故应急救援

事故发生单位负责人接到事故报告后，应当立即启动事故相应应急预案，或者采取有效措施，组织抢救，防止事故扩大，减少人员伤亡和财产损失。事故发生地有关地方人民政府、应急管理部门和负有应急管理职责的有关部门接到事故报告后，其负责人应当立即赶赴事故现场，组织事故救援。

事故发生后，有关单位和人员应当妥善保护事故现场以及相关证据，任何单位和个人不得破坏事故现场、毁灭相关证据。因抢救人员、防止事故扩大以及疏通交通等原因，需要移动事故现场物件的，应当作出标志，绘制现场简图并作书面记录，妥善保存现场重要痕迹、物证。

事故发生地公安机关根据事故的情况，对涉嫌犯罪的，应当依法立案侦查，采取强制措施和侦查措施。犯罪嫌疑人逃匿的，公安机关应当迅速追捕归案。应急管理部门和负有应急管理职责的有关部门应当建立值班制度，并向社会公布值班电话，受理事故报告和举报。

（三）事故调查

1. 调查分级

特别重大事故由国务院或者国务院授权有关部门组织事故调查组进行调查。重大事故、较大事故、一般事故分别由事故发生地省级人民政府、设区的市级人民政府、县级人民政府负责调查。省级人民政府、设区的市级人民政府、县级人民政府可以直接组织事故调查组进行调查，也可以授权或者委托有关部门组织事故调查组进行调查。未造成人员伤亡的一般事故，县级人民政府也可以委托事故发生单位组织事故调查组进行调查。上级人民政府认为必要时，可以调查由下级人民政府负责调查的事故。

自事故发生之日起 30 日内（道路交通事故、火灾事故自发生之日起 7 日内），因事故伤亡人数变化导致事故等级发生变化，依照相关规定应当由上级人民政府负责调查的，上级人民政府可以另行组织事故调查组进行调查。特别重大事故以下等级事故，事故发生地与事故发生单位不在同一个县级以上行政区域的，由事故发生地人民政府负责调查，事故发生单位所在地人民政府应当派人参加。

2. 事故调查组

事故调查组的组成应当遵循精简、效能的原则。根据事故的具体情况，事故调查组由有关人民政府、应急管理部门、负有应急管理职责的有关部门、监察机关、公安机关以及工会派人组成，并应当邀请人民检察院派人参加。事故调查组可以聘请有关专家参与调查。事故调查组成员应当具有事故调查所需要的知识和专长，并与所调查的事故没有直接利害关系。事故调查组组长由负责事故调查的人民政府指定。事故调查组组长主持事故调查组的工作。

事故调查组履行下列职责：

（1）查明事故发生的经过、原因、人员伤亡情况及直接经济损失；

（2）认定事故的性质和事故责任；

（3）提出对事故责任者的处理建议；

（4）总结事故教训，提出防范和整改措施；

（5）提交事故调查报告。

3. 调查

事故调查组有权向有关单位和个人了解与事故有关的情况，并要求其提供相关文件、资料，有关单位和个人不得拒绝。事故发生单位的负责人和有关人员在事故调查期间不得擅离职守，并应当随时接受事故调查组的询问，如实提供有关情况。事故调查中发现涉嫌犯罪的，事故调查组应当及时将有关材料或者其复印件移交司法机关处理。事故调查中需要进行技术鉴定的，事故调查组应当委托具有国家规定资质的单位进行技术鉴定。必要时，事故调查组可以直接组织专家进行技术鉴定。技术鉴定所需时间不计入事故调查期限。事故调查组成员在事故调查工作中应当诚信公正、恪尽职守，遵守事故调查组的纪律，保守事故调查的秘密。未经事故调查组组长允许，事故调查组成员不得擅自发布有关事故的信息。事故调查组应当自事故发生之日起60日内提交事故调查报告；特殊情况下，经负责事故调查的人民政府批准，提交事故调查报告的期限可以适当延长，但延长的期限最长不超过60日。

4. 事故调查报告

事故调查报告应当包括下列内容：

（1）事故发生单位概况；

（2）事故发生经过和事故救援情况；

（3）事故造成的人员伤亡和直接经济损失；

（4）事故发生的原因和事故性质；

（5）事故责任的认定以及对事故责任者的处理建议；

（6）事故防范和整改措施。

事故调查报告应当附具有关证据材料。事故调查组成员应当在事故调查报告上签名。

5. 归档保存

事故调查报告报送负责事故调查的人民政府后，事故调查工作即告结束。事故调查的有关资料应当归档保存。

三、生产安全事故的处理

重大事故、较大事故、一般事故，负责事故调查的人民政府应当自收到事故调查报告之日起 15 日内作出批复；特别重大事故，30 日内作出批复，特殊情况下，批复时间可以适当延长，但延长的时间最长不超过 30 日。

有关机关应当按照人民政府的批复，依照法律、行政法规规定的权限和程序，对事故发生单位和有关人员进行行政处罚，对负有事故责任的国家工作人员进行处分。事故发生单位应当按照负责事故调查的人民政府的批复，对本单位负有事故责任的人员进行处理。负有事故责任的人员涉嫌犯罪的，依法追究刑事责任。

事故发生单位应当认真吸取事故教训，落实防范和整改措施，防止事故再次发生。防范和整改措施的落实情况应当接受工会和职工的监督。应急管理部门和负有应急管理职责的有关部门应当对事故发生单位落实防范和整改措施的情况进行监督检查。

事故处理的情况由负责事故调查的人民政府或者其授权的有关部门、机构向社会公布，依法应当保密的除外。

【风险提示】

生产经营单位与从业人员订立的劳动合同，应当载明有关保障从业人员劳动安全、防止职业危害的事项，以及依法为从业人员办理工伤保险的事项。生产经营单位不得以任何形式与从业人员订立协议，免除或者减轻其对从业人员因生产安全事故伤亡依法应承担的责任。

【法条指引】

中华人民共和国安全生产法（节录）

第八十条　生产经营单位发生生产安全事故后，事故现场有关人员应当立即报告本单位负责人。

单位负责人接到事故报告后，应当迅速采取有效措施，组织抢救，防止事故扩大，减少人员伤亡和财产损失，并按照国家有关规定立即如实报告当地负有安全生产监督管理职责的部门，不得隐瞒不报、谎报或者迟报，不得故意破坏事故现场、毁灭有关证据。

第八十一条 负有安全生产监督管理职责的部门接到事故报告后,应当立即按照国家有关规定上报事故情况。负有安全生产监督管理职责的部门和有关地方人民政府对事故情况不得隐瞒不报、谎报或者迟报。

第八十二条 有关地方人民政府和负有安全生产监督管理职责的部门的负责人接到生产安全事故报告后,应当按照生产安全事故应急救援预案的要求立即赶到事故现场,组织事故抢救。

参与事故抢救的部门和单位应当服从统一指挥,加强协同联动,采取有效的应急救援措施,并根据事故救援的需要采取警戒、疏散等措施,防止事故扩大和次生灾害的发生,减少人员伤亡和财产损失。

事故抢救过程中应当采取必要措施,避免或者减少对环境造成的危害。

任何单位和个人都应当支持、配合事故抢救,并提供一切便利条件。

中华人民共和国矿山安全法(节录)

第三十六条 发生矿山事故,矿山企业必须立即组织抢救,防止事故扩大,减少人员伤亡和财产损失,对伤亡事故必须立即如实报告劳动行政主管部门和管理矿山企业的主管部门。

第三十七条 发生一般矿山事故,由矿山企业负责调查和处理。

发生重大矿山事故,由政府及其有关部门、工会和矿山企业按照行政法规的规定进行调查和处理。

第三十八条 矿山企业对矿山事故中伤亡的职工按照国家规定给予抚恤或者补偿。

第三十九条 矿山事故发生后,应当尽快消除现场危险,查明事故原因,提出防范措施。现场危险消除后,方可恢复生产。

第八章

女职工与未成年工特殊保护

第一节 女职工特殊劳动保护

【规则要点】

国家保障妇女享有与男子平等的劳动权利和社会保障权利。用人单位不能因性别差异歧视女性求职者。用人单位必须按照法律法规的规定,对女职工提供特殊的劳动保护。

【理解与适用】

一、女职工劳动权的保护

(一)求职阶段劳动权的保护

劳动法规定,各单位在录用职工时,除不适合妇女的工种或者岗位外,不得以性别为由拒绝录用妇女或者提高对妇女的录用标准。各单位在录用女职工时,应当依法与其签订劳动(聘用)合同或者服务协议,劳动(聘用)合同或者服务协议中不得规定限制女职工结婚、生育的内容。

用人单位在提供就业岗位、考核以及签订劳动合同时,均不得因求职者的性别差异而设置不同规定。女性在就业方面的权利,同男性完全平等。

(二)工作阶段劳动权的保护

1. 工资福利

劳动法规定,男女职工实行同工同酬,妇女在享受福利待遇方面享有与男子平等的权利。

2. 职业培训与考核

在晋职、晋级、评定专业技术职务等方面，应当坚持男女平等的原则，不得歧视妇女。

3. 劳动关系

任何单位不得因结婚、怀孕、产假、哺乳等情形，降低女职工的工资，辞退女职工，单方解除劳动（聘用）合同或者服务协议。但是，女职工要求终止劳动（聘用）合同或者服务协议的除外。

各单位在执行国家退休制度时，不得以性别为由歧视妇女。

二、女职工禁忌劳动范围

由于女性的生理特殊性，与男性劳动者在劳动上存在生理差异。为平衡男性与女性这种生理上的差异，劳动法规定，禁止安排女职工从事矿山井下、国家规定的第四级体力劳动强度的劳动和其他禁忌从事的劳动。

（一）不得安排女职工从事矿山井下作业

根据《劳动部关于〈女职工劳动保护规定问题解答〉》的规定，"矿山井下作业"系指常年在矿山井下从事各种劳动。不包括临时性的工作，如医务人员下矿井进行治疗和抢救等。

（二）不得安排女职工从事第四级体力劳动强度的劳动

国家规定的第四级体力劳动强度，是指国家标准《体力劳动强度分级》（GB 3869—83）中规定的第Ⅳ的体力劳动强度。劳动强度指数是区分体力劳动强度等级的指标，指数大反映劳动强度大，指数小反映劳动强度小。Ⅰ级体力劳动相当于轻劳动；Ⅱ级体力劳动相当于中等强度劳动；Ⅲ级体力劳动相当于重强度劳动；Ⅳ级体力劳动相当于"很重"强度劳动。因此，依据劳动法，女职工可以从事Ⅰ级至Ⅲ级体力劳动。

（三）不得安排女职工从事其他禁忌从事的劳动

主要是指《女职工劳动保护特别规定》补充规定的每小时负重6次以上、每次负重超过20公斤的作业，或者间断负重、每次负重超过25公斤的作业。

任何单位均应根据妇女的特点，依法保护妇女在工作和劳动时的安全和健康，不得安排不适合妇女从事的工作和劳动。用人单位应当将本单位属于女职工禁忌从事的劳动范围的岗位书面告知女职工。用人单位违反相关规定的,由县级以上人民政府应急管理部门责令限期治理,处5万元以上30万元以下的罚款;情节严重的,责令停止有关作业,或者提请有关人民政府按照国务院规定的权限责令关闭。

三、女职工特殊生理期的保护

女职工的特殊生理期,包括经期、孕期、产期、哺乳期四个特殊时期。由于女性在特殊生理期间,身体机能发生变化,需要予以特殊保护。

(一)女职工的经期保护

劳动法规定,用人单位不得安排女职工在经期从事高处、低温、冷水作业和国家规定的第三级体力劳动强度的劳动。

《女职工劳动保护特别规定》进一步明确女职工在经期禁忌从事的劳动范围:

1. 冷水作业分级标准中规定的第二级、第三级、第四级冷水作业;
2. 低温作业分级标准中规定的第二级、第三级、第四级低温作业;
3. 体力劳动强度分级标准中规定的第三级、第四级体力劳动强度的作业;
4. 高处作业分级标准中规定的第三级、第四级高处作业。

(二)女职工的孕期保护

女职工在孕期不能适应原劳动的,用人单位应当根据医疗机构的证明,予以减轻劳动量或者安排其他能够适应的劳动。

对怀孕7个月以上的女职工,用人单位不得延长劳动时间或者安排夜班劳动,并应当在劳动时间内安排一定的休息时间。夜班劳动系指在当日22点至次日6点时间从事劳动或工作。

怀孕女职工在劳动时间内进行产前检查,所需时间计入劳动时间。为了保证孕妇和胎儿的健康,应按卫生部门的要求做产前检查。女职工产前检查应按出勤对待,不能按病假、事假、旷工处理。对在生产第一线的女职工,要相应地减少生产定额,以保证产前检查时间。

劳动法规定,用人单位不得安排女职工在怀孕期间从事国家规定的第三级体力劳动强度的劳动和孕期禁忌从事的劳动。

《女职工劳动保护特别规定》进一步明确女职工在孕期禁忌从事的劳

动范围：

1. 作业场所空气中铅及其化合物、汞及其化合物、苯、镉、铍、砷、氰化物、氮氧化物、一氧化碳、二硫化碳、氯、己内酰胺、氯丁二烯、氯乙烯、环氧乙烷、苯胺、甲醛等有毒物质浓度超过国家职业卫生标准的作业；

2. 从事抗癌药物、己烯雌酚生产，接触麻醉剂气体等的作业；

3. 非密封源放射性物质的操作，核事故与放射事故的应急处置；

4. 高处作业分级标准中规定的高处作业；

5. 冷水作业分级标准中规定的冷水作业；

6. 低温作业分级标准中规定的低温作业；

7. 高温作业分级标准中规定的第三级、第四级的作业；

8. 噪声作业分级标准中规定的第三级、第四级的作业；

9. 体力劳动强度分级标准中规定的第三级、第四级体力劳动强度的作业；

10. 在密闭空间、高压室作业或者潜水作业，伴有强烈振动的作业，或者需要频繁弯腰、攀高、下蹲的作业。

（三）*女职工的产期保护*

劳动法规定，女职工生育享受不少于 90 天的产假。《女职工劳动保护特别规定》补充规定，女职工生育享受 98 天产假，其中产前可以休假 15 天；难产的，增加产假 15 天；生育多胞胎的，每多生育 1 个婴儿，增加产假 15 天。若怀孕未满 4 个月流产的，享受 15 天产假；怀孕满 4 个月流产的，享受 42 天产假。并且，原劳动部发布的《劳动部关于〈女职工劳动保护规定问题解答〉》明确，产前假 15 天，系指预产期前 15 天的休假。产前假一般不得放到产后使用。若孕妇提前生产，可将不足的天数和产后假合并使用；若孕妇推迟生产，可将超出的天数按病假处理。产假是为了能保证产妇恢复身体健康，因此，休产假不能提前或推后。至于教师产假正值寒暑假期间，能否延长寒暑假的时间，则由主管部门确定。《中华人民共和国人口与计划生育法》进一步规定，对符合法律、法规规定生育子女的夫妻，可以获得延长生育假的奖励或者其他福利待遇。

女职工在产假期间享受生育津贴，若已经参加生育保险的，由生育保险基金按照用人单位上年度职工月平均工资的标准支付；未参加生育保险的，由用人单位按照女职工产假前工资的标准支付。

对于职工生育或者流产的医疗费用，按照生育保险规定的项目和标准，对已经参加生育保险的，由生育保险基金支付；对未参加生育保险的，由用人单位支付。

此外，《女职工保健工作规定》明确规定，女职工在产假期满恢复工作时，应有1至2周时间逐渐恢复原工作量。

（四）女职工的哺乳期保护

哺乳期，是指哺乳一周岁以内的婴儿。企、事业单位有条件的，也可适当延长哺乳期。女职工哺乳婴儿满周岁后，一般不再延长哺乳期。如果婴儿身体特别虚弱，经医务部门证明，可将哺乳期酌情延长，但不得超过6个月。如果哺乳期满时正值夏季，也可延长1到2个月。

女职工在哺乳期内，用人单位不得安排女职工从事国家规定的第三级体力劳动强度的劳动和哺乳期禁忌从事的其他劳动，不得安排其延长工作时间和夜班劳动。

《女职工劳动保护特别规定》规定，女职工在哺乳期禁忌从事的劳动范围包括：

1. 作业场所空气中铅及其化合物、汞及其化合物、苯、镉、铍、砷、氰化物、氮氧化物、一氧化碳、二硫化碳、氯、己内酰胺、氯丁二烯、氯乙烯、环氧乙烷、苯胺、甲醛等有毒物质浓度超过国家职业卫生标准的作业；

2. 非密封源放射性物质的操作，核事故与放射事故的应急处置；

3. 体力劳动强度分级标准中规定的第三级、第四级体力劳动强度的作业；

4. 作业场所空气中锰、氟、溴、甲醇、有机磷化合物、有机氯化合物等有毒物质浓度超过国家职业卫生标准的作业。

并且，用人单位应当在每天的劳动时间内为哺乳期女职工安排1小时哺乳时间；女职工生育多胞胎的，每多哺乳1个婴儿每天增加1小时哺乳时间。

四、女职工特殊保护措施

（一）提供卫生室等设施

女职工比较多的用人单位应当根据女职工的需要，建立女职工卫生室、孕妇休息室、哺乳室等设施，妥善解决女职工在生理卫生、哺乳方面的困难。

(二) 性骚扰问题

在劳动场所，用人单位应当预防和制止对女职工的性骚扰。工作场所中的性骚扰可分为有报酬性的性骚扰和敌意的工作环境。前者一般发生在上司骚扰下属工作人员中，上司对下属提出有关性方面的要求，并以提供晋升机会、提高劳动报酬等条件作为交换。后者通常发生在同事之间，或者由用人单位的客户实施。用人单位若知悉有关情况，应当及时采取措施处理，否则应承担法律责任。

(三) 特殊劳动安全卫生知识培训

用人单位应当加强女职工劳动保护，采取措施改善女职工劳动安全卫生条件，对女职工进行劳动安全卫生知识培训。由于女职工特殊生理需求，用人单位应结合工作性质，加强对有关方面的知识培训。

【风险提示】

任何单位不得因结婚、怀孕、产假、哺乳等情形，降低女职工的工资，辞退女职工，单方解除劳动（聘用）合同或者服务协议。但是，女职工要求终止劳动（聘用）合同或者服务协议的除外。

【相关案例】

卓某某与六安三希皮革制品有限公司劳动争议案

原告卓某某于 2012 年 7 月进入被告六安三希皮革制品有限公司工作，双方签订了书面合同，最后一次合同期限为 2015 年 7 月 4 日至 2018 年 7 月 3 日。被告单位缝纫工和管理人员的岗位实行计算工时制度。双方劳动关系存续期间，被告未为原告办理社保并未缴费，未安排原告带薪年休假，原告每周工作 6 天，被告于每年春节放假 23 天（不发放工资）。原告于 2015 年 7 月 4 日 18 时 31 分生育一子（原告住院医疗费 4418.7 元），被告未支付原告相关生育待遇。2017 年 1 月，被告将其全体人员转至六安市欧尚皮具有限公司。2017 年 3 月，原告向被告邮寄了解除劳动合同通知书，原告离职前月平均工资为4614元。2017年7月5日，六安市劳动人事争议仲裁委员会就双方的争议作出六劳人仲案字（2017）54号仲裁裁决书，卓某某不服仲裁裁决，于2017年8月11日向法院提起诉讼。法院认为，原告卓某某与被告六安三希皮革制品有限公司之间签订有劳动合同，双方之间存在合法的劳动关系。被告与六安市欧尚皮具有限公司为关联公司，2017年1月，被告将其全体人员转至六安市欧尚皮具有限公司，被告并未对原告的工作岗位、工作内容、工作地点等劳动条件进行变更，被告并无与原告解除劳动关系的意思表示，原告主动向被告邮寄解除劳动合同通知书，被告对原告调岗不构成违法解除劳动关系。原告庭审之前变更诉讼请求，将要求被告支付经济赔偿金变更为支付经济补偿金，该诉请虽然未经仲裁，但与本案诉争的劳动争议具有不可分性，法院依法合并审理。原告在被告处工作期间，被告未给原告缴纳社会保险，现原告要求被告为其缴纳社会保险费符合法律规定，法院予以支持。原告每周工作6天，被告仅每年春节放假23天，原告每年实际工作天数约为293天。被告辩解原告的岗位实行综合计算工时制，遂偶有加班，加班工资也随工资发放，但其提供的工资表无原告签字确认，因此，对被告辩解不拖欠原告加班工资的抗辩理由，不予采信，原告要求被告支付加班工资数额符合法律规定的部分予以支持，因为原告离职前月平均工资为4614元，被告应支付原告近两年加班工资为27365.79元，法院予以支持。被告未安排原告带薪年休假，被告应当支付原告2015年、2016年应休未休带薪年休假工资合计4242.76元。因被告未给原告办理生育保险并缴费致使原告无法享受生育保险待遇。现原告要求被告支付生育医疗费4418.7元及生育津贴符合法律规定的数额13842元，法院予以支持。因被告未给原告缴纳社会保险，现原告要求被告支付经济补偿金，原告在被告处工作近4.5年时间，应补偿4.5个月工资，被告应支付原告经济补偿金20763元。

【法条指引】

中华人民共和国劳动法（节录）

第五十九条 禁止安排女职工从事矿山井下、国家规定的第四级体力劳动强度的劳动和其他禁忌从事的劳动。

第六十条　不得安排女职工在经期从事高处、低温、冷水作业和国家规定的第三级体力劳动强度的劳动。

第六十一条　不得安排女职工在怀孕期间从事国家规定的第三级体力劳动强度的劳动和孕期禁忌从事的劳动。对怀孕七个月以上的女职工，不得安排其延长工作时间和夜班劳动。

第六十二条　女职工生育享受不少于九十天的产假。

第六十三条　不得安排女职工在哺乳未满一周岁的婴儿期间从事国家规定的第三级体力劳动强度的劳动和哺乳期禁忌从事的其他劳动，不得安排其延长工作时间和夜班劳动。

第二节　未成年工特殊劳动保护

【规则要点】

除国家有特殊规定外，任何组织或者个人不得招用未满16周岁的未成年人。

【理解与适用】

一、严格限制未成年工就业年龄

中国公民最低就业年龄为16周岁，禁止用人单位录用16周岁以下的童工。

但是，《禁止使用童工规定》进一步补充规定，文艺、体育单位经未成年人的父母或者其他监护人同意，可以招用不满16周岁的专业文艺工作者、运动员。文艺、体育单位招用不满16周岁的专业文艺工作者、运动员的办法，由国务院劳动行政部门会同国务院文化、体育行政部门制定。学校、其他教育机构以及职业培训机构按照国家有关规定组织不满16周岁的未成年人进行不影响其人身安全和身心健康的教育实践劳动、职业技能培训劳动，不属于使用童工。

二、限制工作时间延长

为保证未成年人有足够的休息时间,并有时间学习其他知识与技能,一般情况下,禁止安排未成年工加班加点工作。

三、未成年工禁忌劳动范围

劳动法规定,不得安排未成年工从事矿山井下、有毒有害、国家规定的第四级体力劳动强度的劳动和其他禁忌从事的劳动。

《未成年工特殊保护规定》进一步明确规定,用人单位不得安排未成年工从事以下范围的劳动:

1. 《生产性粉尘作业危害程度分级》国家标准中第一级以上的接尘作业;

2. 《有毒作业分级》国家标准中第一级以上的有毒作业;

3. 《高处作业分级》国家标准中第二级以上的高处作业;

4. 《冷水作业分级》国家标准中第二级以上的冷水作业;

5. 《高温作业分级》国家标准中第三级以上的高温作业;

6. 《低温作业分级》国家标准中第三级以上的低温作业;

7. 《体力劳动强度分级》国家标准中第四级体力劳动强度的作业;

8. 矿山井下及矿山地面采石作业;

9. 森林业中的伐木、流放及守林作业;

10. 工作场所接触放射性物质的作业;

11. 有易燃易爆、化学性烧伤和热烧伤等危险性大的作业;

12. 地质勘探和资源勘探的野外作业;

13. 潜水、涵洞、涵道作业和海拔3000米以上的高原作业(不包括世居高原者);

14. 连续负重每小时在6次以上并每次超过20公斤,间断负重每次超过25公斤的作业;

15. 使用凿岩机、捣固机、气镐、气铲、铆钉机、电锤的作业;

16. 工作中需要长时间保持低头、弯腰、上举、下蹲等强迫体位和动作频率每分钟大于50次的流水线作业;

17. 锅炉司炉。

未成年工患有某种疾病或具有某些生理缺陷（非残疾型）时，用人单位不得安排其从事以下范围的劳动：

1. 《高处作业分级》国家标准中第一级以上的高处作业；
2. 《低温作业分级》国家标准中第二级以上的低温作业；
3. 《高温作业分级》国家标准中第二级以上的高温作业；
4. 《体力劳动强度分级》国家标准中第三级以上体力劳动强度的作业；
5. 接触铅、苯、汞、甲醛、二硫化碳等易引起过敏反应的作业。

其中，患有某种疾病或具有某些生理缺陷（非残疾型）的未成年工，是指有以下一种或一种以上情况者：

1. 心血管系统：①先天性心脏病；②克山病；③收缩期或舒张期二级以上心脏杂音。
2. 呼吸系统：①中度以上气管炎或支气管哮喘；②呼吸音明显减弱；③各类结核病；④体弱儿，呼吸道反复感染者。
3. 消化系统：①各类肝炎；②肝、脾肿大；③胃、十二指肠溃疡；④各种消化道疝。
4. 泌尿系统：①急、慢性肾炎；②泌尿系感染。
5. 内分泌系统：①甲状腺机能亢进；②中度以上糖尿病。
6. 精神神经系统：①智力明显低下；②精神忧郁或狂暴。
7. 肌肉、骨骼运动系统：①身高和体重低于同龄人标准；②一个及一个以上肢体存在明显功能障碍；③躯干 1/4 以上部位活动受限，包括强直或不能旋转。
8. 其他：①结核性胸膜炎；②各类重度关节炎；③血吸虫病；④严重贫血，其血色素每升低于 95 克（$<9.5g/dL$）。

若用人单位招用已满 16 周岁的未成年人从事过重、有毒、有害等危害未成年人身心健康的劳动或者危险作业的，由劳动部门责令改正，处以罚款；情节严重的，由主管行政管理部门吊销营业执照。

四、定期健康检查制度

由于未成年工正处于生长发育阶段，用人单位应对未成年工定期进行健康检查，具体时间要求为：

1. 安排工作岗位之前；

2. 工作满 1 年；

3. 年满 18 周岁，距前一次的体检时间已超过半年。

具体检查项目，按照《未成年工特殊保护规定》所附《未成年工健康检查表》列出的项目进行。

用人单位应根据未成年工的健康检查结果安排其从事适合的劳动，对不能胜任原劳动岗位的，应根据医务部门的证明，予以减轻劳动量或安排其他劳动。

未成年工在规定的健康检查期间进行体检的，应算作工作时间，用人单位不得克扣工资。未成年工体检，由用人单位统一办理和承担费用。

五、未成年工登记制度

中国对未成年工的使用和特殊保护实行登记制度。用人单位招收使用未成年工，除符合一般用工要求外，还须向所在地的县级以上劳动行政部门办理登记。劳动行政部门根据《未成年工健康检查表》《未成年工登记表》，核发《未成年工登记证》。各级劳动行政部门须按有关规定，审核体检情况和拟安排的劳动范围。未成年工须持《未成年工登记证》上岗。《未成年工登记证》由国务院劳动行政部门统一印制。

未成年工登记，由用人单位统一办理和承担费用。

【风险提示】

用人单位招收使用未成年工，除符合一般用工要求外，还须向所在地的县级以上劳动行政部门办理登记。未成年工登记，由用人单位统一办理和承担费用。

【法条指引】

中华人民共和国劳动法（节录）

第六十四条　不得安排未成年工从事矿山井下、有毒有害、国家规定的第四级体力劳动强度的劳动和其他禁忌从事的劳动。

第六十五条 用人单位应当对未成年工定期进行健康检查。

中华人民共和国未成年人保护法（节录）

第三十八条 任何组织或者个人不得招用未满十六周岁的未成年人，国家另有规定的除外。

任何组织或者个人按照国家有关规定招用已满十六周岁未满十八周岁的未成年人的，应当执行国家在工种、劳动时间、劳动强度和保护措施等方面的规定，不得安排其从事过重、有毒、有害等危害未成年人身心健康的劳动或者危险作业。

禁止使用童工规定（节录）

第二条 国家机关、社会团体、企业事业单位、民办非企业单位或者个体工商户（以下统称用人单位）均不得招用不满16周岁的未成年人（招用不满16周岁的未成年人，以下统称使用童工）。

禁止任何单位或者个人为不满16周岁的未成年人介绍就业。

禁止不满16周岁的未成年人开业从事个体经营活动。

第四条 用人单位招用人员时，必须核查被招用人员的身份证；对不满16周岁的未成年人，一律不得录用。用人单位录用人员的录用登记、核查材料应当妥善保管。

第九章

社会保险制度与福利

第一节 失业保险

【规则要点】

职工应当参加失业保险,由用人单位和职工按照国家规定共同缴纳失业保险费。

【理解与适用】

一、失业保险基金的构成

失业保险基金主要由单位和单位职工缴纳的失业保险费、失业保险基金的利息、财政补贴、依法纳入失业保障基金的其他资金等构成。

(一) 单位和单位职工缴纳的失业保险费

这里的单位指城镇企业事业单位。城镇企业则包括国有企业、城镇集体企业、外商投资企业、城镇私营企业以及其他城镇企业。城镇企业事业单位按照本单位工资总额的2%缴纳失业保险费。城镇企业事业单位职工按照本人工资的1%缴纳失业保险费。城镇企业事业单位招用的农民合同制工人本人不缴纳失业保险费。省、自治区、直辖市人民政府根据本行政区域失业人员数量和失业保险基金数额,报经国务院批准,可以适当调整本行政区域失业保险费的费率。

中国也在根据实际情况对失业保险费率进行调整。如人力资源和社会保障部、财政部发布的《关于阶段性降低社会保险费率的通知》要求，从 2016 年 5 月 1 日起，失业保险总费率在 2015 年已降低 1 个百分点基础上可以阶段性降至 1%—1.5%，其中个人费率不超过 0.5%，降低费率的期限暂按 2 年执行。具体方案由各省（区、市）确定。

（二）失业保险基金的利息

失业保险基金必须存入财政部门在国有商业银行开设的社会保障基金财政专户，可存入银行和按照国家规定购买国债，并分别按照城乡居民同期存款利率和国债利息计息。失业保险基金的利息并入失业保险基金。

（三）财政补贴

政府的财政补贴是指当统筹地区的失业保险基金不敷使用时，由地方财政提供资金，用于补贴失业保险基金的资金。

（四）依法纳入失业保障基金的其他资金

依法纳入失业保障基金的其他资金主要是指除了上述资金外应纳入失业保险基金的资金。例如，缴费单位未按期缴费所加收的滞纳金。《中华人民共和国社会保险法》规定，用人单位未按时足额缴纳社会保险费的，由社会保险费征收机构责令限期缴纳或者补足，并自欠缴之日起，按日加收万分之五的滞纳金。

二、失业保险金申领

（一）申领条件

根据社会保险法的规定，中国失业人员领取失业保险金的条件是：

1. 按照规定参加失业保险，所在单位和本人已按照规定履行缴费义务满 1 年的

申领失业保险费的人员必须是已经缴纳失业保险费的主体，并且中国法律规定须累计缴纳满 1 年。

2. 非因本人意愿中断就业的

非因本人意愿中断就业，是指失业人员主观上愿意继续工作，但客观上不允许的情形。因此，对于主动离职的失业人员不能享受失业保险待遇。根据《实施〈中华人民共和国社会保险法〉若干规定》，非因本人意愿中断就业包括下列情形：

（1）因劳动合同期满、用人单位被依法宣告破产以及用人单位被吊销营业执照、责令关闭、撤销或者用人单位决定提前解散而终止劳动合同的；

（2）因用人单位依照劳动合同法第39条、第40条、第41条规定解除劳动合同的；

（3）用人单位向劳动者提出解除劳动合同并与劳动者协商一致解除劳动合同的；

（4）由用人单位提出解除聘用合同或者被用人单位辞退、除名、开除的；

（5）劳动者本人依照劳动合同法第38条规定解除劳动合同的；

（6）法律、法规、规章规定的其他情形。

3. 已办理失业登记，并有求职要求的

城镇企业事业单位职工失业后，应当持本单位为其出具的终止或者解除劳动关系的证明，及时到指定的社会保险经办机构办理失业登记。失业保险金自办理失业登记之日起计算。

失业人员办理失业登记，还需要有求职要求，失业者应积极寻找再就业机会。

（二）申领失业保险金的程序

首先，需要失业人员失业前所在单位，将失业人员的名单自终止或者解除劳动合同之日起7日内报受理其失业保险业务的经办机构备案，并按要求提供终止或解除劳动合同证明、参加失业保险及缴费情况证明等有关材料。

其次，由失业人员在终止或者解除劳动合同之日起60日内到受理其单位失业保险业务的经办机构申领失业保险金。

失业人员申领失业保险金应填写《失业保险金申领表》，并出示下列证明材料：（1）本人身份证明；（2）所在单位出具的终止或者解除劳动合同的证明；（3）失业登记及求职证明；（4）省级劳动行政部门规定的其他材料。

最后，经办机构自受理失业人员领取失业保险金申请之日起10日内，对申领者的资格进行审核认定，并将结果及有关事项告知本人。经审核合格者，从其办理失业登记之日起计发失业保险金。

三、失业保险金的发放

（一）失业保险待遇的具体内容

1. 失业保险金

失业保险金的标准，按照低于当地最低工资标准、高于城市居民最低生活保障标准的水平，由省、自治区、直辖市人民政府确定。

失业人员失业前所在单位和本人累计缴费时间满 1 年不足 5 年的，领取失业保险金的期限最长为 12 个月；累计缴费时间满 5 年不足 10 年的，领取失业保险金的期限最长为 18 个月；累计缴费时间 10 年以上的，领取失业保险金的期限最长为 24 个月。重新就业后，再次失业的，缴费时间重新计算，领取失业保险金的期限可以与前次失业应领取而尚未领取的失业保险金的期限合并计算，但是最长不得超过 24 个月。

2. 基本医疗保险费

失业人员在领取失业保险金期间，参加职工基本医疗保险，享受基本医疗保险待遇。失业人员应当缴纳的基本医疗保险费从失业保险基金中支付，个人不缴纳基本医疗保险费。

领取失业保险金人员参加职工医保当月起按规定享受相应的住院和门诊医疗保险待遇，享受待遇期限与领取失业保险金期限相一致，不再享受原由失业保险基金支付的医疗补助金待遇。

3. 领取失业保险金期间死亡的失业人员的丧葬补助金及其供养的配偶、直系亲属的抚养费

失业人员在领取失业保险金期间死亡的，参照当地对在职职工死亡的规定，向其遗属发给一次性丧葬补助金和抚恤金。所需资金从失业保险基金中支付。

个人死亡同时符合领取基本养老保险丧葬补助金、工伤保险丧葬补助金和失业保险丧葬补助金条件的，其遗属只能选择领取其中的一项。

失业人员在领取失业保险金期间死亡的，其家属可以持失业人员死亡证明、领取人身份证明、与失业人员的关系证明，向经办机构领取一次性丧葬补助金和抚恤金。失业人员当月尚未领取的失业保险金可一并领取。

4. 领取失业保险金期间接受职业培训、职业介绍的补贴

失业保险金的作用之一在于促进失业人员再就业。失业人员接受

职业介绍、职业培训的补贴由失业保险基金按照规定支付。失业人员在领取失业保险金期间求职时，可按规定享受就业服务减免费用等优惠政策。

此外，《失业保险条例》规定，单位招用的农民合同制工人连续工作满1年，本单位并已缴纳失业保险费，劳动合同期满未续订或者提前解除劳动合同的，由社会保险经办机构根据其工作时间长短，对其支付一次性生活补助。补助的办法和标准由省、自治区、直辖市人民政府规定。

（二）失业保险金的发放

失业保险金应按月发放，由经办机构开具单证，失业人员凭单证到指定银行领取。对领取失业保险金期限即将届满的失业人员，经办机构应提前1个月告知本人。

四、失业保险金的停止发放

失业保险金的作用在于保障失业人员的基本生活以及再就业的机会，当失业人员不再符合领取失业保险金的条件或发生其他情况时，应停止领取失业保险金。

《失业保险条例》规定，失业人员在领取失业保险金期间有下列情形之一的，停止领取失业保险金，并同时停止享受其他失业保险待遇：

1. 重新就业的；
2. 应征服兵役的；
3. 移居境外的；
4. 享受基本养老保险待遇的；
5. 被判刑收监执行或者被劳动教养的；
6. 无正当理由，拒不接受当地人民政府指定的部门或者机构介绍的工作的；
7. 有法律、行政法规规定的其他情形的。

【风险提示】

职工跨统筹地区就业的，其失业保险关系随本人转移，缴费年限累计计算。

【相关案例】

张某某与郑州永通特钢有限公司劳动争议案

2011年4月，张某某到郑州永通特钢有限公司（以下简称永通公司）工作，月平均工资2200元。永通公司自2011年5月至2014年1月给张某某缴纳基本养老保险费，2014年2月至2016年12月以及2017年1月至2017年2月，永通公司欠缴张某某的基本养老保险费。2017年6月20日，永通公司以张某某违反劳动纪律及单位规章制度为由，将张某某辞退。2018年3月7日，巩义市劳动人事争议仲裁委员会受理了张某某的仲裁申请，张某某请求永通公司为其补缴2014年2月至2017年6月的养老保险金、失业保险金、工伤保险金，并补缴滞纳金；永通公司补偿张某某不能领取失业保险金的损失。该仲裁委员会作出巩劳人仲案字〔2018〕2081号不予受理通知书。张某某不服该裁决，提起诉讼。法院认为，永通公司于2017年6月20日将张某某辞退，张某某遂认为系违法解除，但其接受解除双方之间的劳动合同，要求永通公司予以赔偿，故应依法认定双方之间的劳动关系于2017年6月20日解除。张某某要求永通公司支付违法解除劳动合同赔偿金2万元，在仲裁时未提出，且不属于与其在仲裁时提出的请求具有不可分性的情形，属于可以单独提起仲裁的劳动争议，不符合在本案中应当审理的条件，应由张某某先向仲裁机构申请仲裁。永通公司未依法为张某某缴纳社会保险费，张某某可通过行政途径解决。因永通公司未依法为张某某缴纳失业保险费，导致张某某无法从失业保险基金中领取失业保险金，给张某某造成了经济损失，永通公司应予补偿。张某某系农民工，自2011年4月至2017年6月在永通公司工作满6年，参照《河南省失业保险条例》第28条之规定，永通公司应补偿张某某一次性生活补助金，根据其工作年限，每满一年发给一个月相当于失业金标准即最低工资标准的80%的生活补助。据此计算，永通公司应补偿张某某生活补助7680元。

【法条指引】

中华人民共和国社会保险法（节录）

第四十五条　失业人员符合下列条件的，从失业保险基金中领取失业保险金：

（一）失业前用人单位和本人已经缴纳失业保险费满一年的；

（二）非因本人意愿中断就业的；

（三）已经进行失业登记，并有求职要求的。

第四十六条　失业人员失业前用人单位和本人累计缴费满一年不足五年的，领取失业保险金的期限最长为十二个月；累计缴费满五年不足十年的，领取失业保险金的期限最长为十八个月；累计缴费十年以上的，领取失业保险金的期限最长为二十四个月。重新就业后，再次失业的，缴费时间重新计算，领取失业保险金的期限与前次失业应当领取而尚未领取的失业保险金的期限合并计算，最长不超过二十四个月。

第二节　医疗保险

【规则要点】

职工应当参加职工基本医疗保险，由用人单位和职工按照国家规定共同缴纳基本医疗保险费。

【理解与适用】

一、医疗保险概述

（一）医疗保险支付范围

社会保险法规定，符合基本医疗保险药品目录、诊疗项目、医疗服务设施标准以及急诊、抢救的医疗费用，按照国家规定从基本医疗保险基金中支付。

但下列医疗费用不纳入基本医疗保险基金支付范围：

1. 应当从工伤保险基金中支付的；
2. 应当由第三人负担的；
3. 应当由公共卫生负担的；
4. 在境外就医的。

医疗费用依法应当由第三人负担，第三人不支付或者无法确定第三人的，由基本医疗保险基金先行支付。基本医疗保险基金先行支付后，有权向第三人追偿。

（二）结算制度

社会保险法规定，参保人员医疗费用中应当由基本医疗保险基金支付的部分，由社会保险经办机构与医疗机构、药品经营单位直接结算。

社会保险行政部门和卫生行政部门应当建立异地就医医疗费用结算制度，方便参保人员享受基本医疗保险待遇。

（三）流动就业人员基本医疗保障关系的转移接续

社会保险法规定，个人跨统筹地区就业的，其基本医疗保险关系随本人转移，缴费年限累计计算。

《流动就业人员基本医疗保障关系转移接续暂行办法》对流动就业人员基本医疗保障关系的转移接续作了进一步细致规定，主要包括：

1. 城乡各类流动就业人员按照现行规定相应参加城镇职工基本医疗保险、城镇居民基本医疗保险或新型农村合作医疗，不得同时参加和重复享受待遇。各地不得以户籍等原因设置参加障碍。

2. 农村户籍人员在城镇单位就业并有稳定劳动关系的，由用人单位按照相关规定办理登记手续，参加就业地城镇职工基本医疗保险。其他流动就业的，可自愿选择参加户籍所在地新型农村合作医疗或就业地城镇基本医疗保险，并按照有关规定到户籍所在地新型农村合作医疗经办机构或就业地社会（医疗）保险经办机构办理登记手续。

3. 新型农村合作医疗参合人员参加城镇基本医疗保险后，由就业地社会（医疗）保险经办机构通知户籍所在地新型农村合作医疗经办机构办理转移手续，按当地规定退出新型农村合作医疗，不再享受新型农村合作医疗待遇。

4. 由于劳动关系终止或其他原因中止城镇基本医疗保险关系的农村户

籍人员，可凭就业地社会（医疗）保险经办机构出具的参保凭证，向户籍所在地新型农村合作医疗经办机构申请，按当地规定参加新型农村合作医疗。

5. 城镇基本医疗保险参保人员跨统筹地区流动就业，新就业地有接收单位的，由单位按照相关规定办理登记手续，参加新就业地城镇职工基本医疗保险；无接收单位的，个人应在中止原基本医疗保险关系后的3个月内到新就业地社会（医疗）保险经办机构办理登记手续，按当地规定参加城镇职工基本医疗保险或城镇居民基本医疗保险。

此外，该办法还规定了参保人员个人账户相关事项、转移基本医疗保障关系的有关手续等。

二、城镇职工基本医疗保险

（一）城镇职工医疗保险的覆盖范围与缴费方式

1. 城镇职工医疗保险的覆盖范围

《国务院关于建立城镇职工基本医疗保险制度的决定》明确要求，城镇所有用人单位及其职工都要参加基本医疗保险。

城镇所有用人单位，包括企业（国有企业、集体企业、外商投资企业、私营企业等）、机关、事业单位、社会团体、民办非企业单位及其职工，都要参加基本医疗保险。乡镇企业及其职工、城镇个体经济组织业主及其从业人员是否参加基本医疗保险，由各省、自治区、直辖市人民政府决定。

无雇工的个体工商户、未在用人单位参加职工基本医疗保险的非全日制从业人员以及其他灵活就业人员可以参加职工基本医疗保险，由个人按照国家规定缴纳基本医疗保险费。

2. 城镇职工医疗保险的缴费方式

（1）一般缴费方式

基本医疗保险费由用人单位和职工共同缴纳。用人单位缴费率应控制在职工工资总额的6%左右，职工缴费率一般为本人工资收入的2%。随着经济发展，用人单位和职工缴费率可作相应调整。

参加职工基本医疗保险的个人，达到法定退休年龄时累计缴费达到国家规定年限的，退休后不再缴纳基本医疗保险费，按照国家规定享受基本医疗保险待遇；未达到国家规定年限的，可以缴费至国家规定年限。

（2）特殊人群的缴费问题

离休人员、老红军的医疗待遇不变，医疗费用按原资金渠道解决，支付确有困难的，由同级人民政府帮助解决。离休人员、老红军的医疗管理办法由省、自治区、直辖市人民政府制定。

二等乙级以上革命伤残军人的医疗待遇不变，医疗费用按原资金渠道解决，由社会保险经办机构单独列账管理。医疗费支付不足部分，由当地人民政府帮助解决。

退休人员参加基本医疗保险，个人不缴纳基本医疗保险费。对退休人员个人账户的计入金额和个人负担医疗费的比例给予适当照顾。

国家公务员在参加基本医疗保险的基础上，享受医疗补助政策。

为了不降低一些特定行业职工现有的医疗消费水平，在参加基本医疗保险的基础上，作为过渡措施，允许建立企业补充医疗保险。企业补充医疗保险费在工资总额4%以内的部分，从职工福利费中列支，福利费不足列支的部分，经同级财政部门核准后列入成本。

国有企业下岗职工的基本医疗保险费，包括单位缴费和个人缴费，均由再就业服务中心按照当地上年度职工平均工资的60%为基数缴纳。

（二）医疗费用的支付

基本医疗保险基金由统筹基金和个人账户构成。职工个人缴纳的基本医疗保险费，全部计入个人账户。用人单位缴纳的基本医疗保险费分为两部分，一部分用于建立统筹基金，一部分划入个人账户。划入个人账户的比例一般为用人单位缴费的30%左右，具体比例由统筹地区根据个人账户的支付范围和职工年龄等因素确定。

统筹基金和个人账户划定各自的支付范围，分别核算。统筹基金的起付标准原则上控制在当地职工年平均工资的10%左右，最高支付限额原则上控制在当地职工年平均工资的4倍左右。起付标准以下的医疗费用，从个人账户中支付或由个人自付。起付标准以上、最高支付限额以下的医疗费用，主要从统筹基金中支付，个人也要负担一定比例。超过最高支付限额的医疗费用，可以通过商业医疗保险等途径解决。统筹基金的具体起付标准、最高支付限额以及在起付标准以上和最高支付限额以下医疗费用的个人负担比例，由统筹地区根据以收定支、收支平衡的原则确定。

(三) 补充医疗保险

补充医疗保险是指在基本医疗保险制度外，政府鼓励的由商业保险机构或社会保险机构等举办的医疗保险制度。不同于职工基本医疗保险的强制性，补充医疗保险实行自愿原则，此类保险有助于解决职工基本医疗保险外的费用负担。中国目前补充医疗保险主要包括：

1. 企业补充医疗保险

企业补充医疗保险需要经国家社会保障行政管理部门批准设立，由企业和职工按照有关规定缴费，建立社会补充医疗保险基金。

2. 职工商业补充医疗保险

职工商业补充医疗保险是由社会保险机构主办，由商业保险公司经办的补充医疗保险。

3. 职工互助医疗保险

职工互助医疗保险是由工会主办的补充医疗保险。例如，中华全国总工会主办的"中国职工保险互助会"，即以职工互助形式从事保险业务，其资金来源包括职工互助会会员个人缴费、工会资助、行政部门的补助等。

三、城镇居民基本医疗保险

(一) 城镇居民基本医疗保险的覆盖范围与资金筹集

1. 城镇居民基本医疗保险的覆盖范围

《国务院关于开展城镇居民基本医疗保险试点的指导意见》规定，不属于城镇职工基本医疗保险制度覆盖范围的中小学阶段的学生（包括职业高中、中专、技校学生）、少年儿童和其他非从业城镇居民都可自愿参加城镇居民基本医疗保险。可见，城镇居民基本医疗保险实行的是自愿原则。

2. 城镇居民基本医疗保险的资金筹集

城镇居民基本医疗保险实行个人缴费和政府补贴相结合。

享受最低生活保障的人、丧失劳动能力的残疾人、低收入家庭60周岁以上的老年人和未成年人等所需个人缴费部分，由政府给予补贴。有条件的用人单位可以对职工家属参保缴费给予补助。国家对个人缴费和单位补助资金制定税收鼓励政策。

随着城镇居民基本医疗保险制度的发展，国家的财政补助标准逐年提高，《人力资源和社会保障部 财政部关于做好2017年城镇居民基本医疗保险工作的通知》显示，2017年居民医保各级财政补助标准平均每人每年达到450元。其中，中央财政对西部、中部地区分别按照80%、60%的比例进行补助，对东部地区各省分别按一定比例进行补助。

（二）城乡居民大病保险制度

2015年，《国务院办公厅关于全面实施城乡居民大病保险的意见》的发布，确立了城乡居民大病保险制度。大病保险的保障对象为城乡居民基本医保参保人，保障范围与城乡居民基本医保相衔接。参保人患大病发生高额医疗费用，由大病保险对经城乡居民基本医保按规定支付后个人负担的合规医疗费用给予保障。

四、新型农村合作医疗保险

（一）新型农村合作医疗保险的覆盖范围与资金筹集

1. 新型农村合作医疗保险的覆盖范围

《关于建立新型农村合作医疗制度的意见》规定，新型农村合作医疗制度覆盖范围为全体农村居民。农民以家庭为单位自愿参加新型农村合作医疗，按时足额缴纳合作医疗经费。

2. 新型农村合作医疗保险的资金筹集

新型农村合作医疗制度实行个人缴费、集体扶持和政府资助相结合的筹资机制。

《关于建立新型农村合作医疗制度的意见》规定，农民个人每年的缴费标准不应低于10元，经济条件好的地区可相应提高缴费标准。有条件的乡村集体经济组织应对本地新型农村合作医疗制度给予适当扶持。地方财政每年对参加新型农村合作医疗农民的资助不低于人均10元，具体补助标准和分级负担比例由省级人民政府确定。经济较发达的东部地区，地方各级财政可适当增加投入。

随着新型农村合作医疗保险制度的发展，国家的财政补助标准逐年提高，国家卫生和计划生育委员会、财政部发布的《关于做好2016年新型农村合作医疗工作的通知》规定，2016年，各级财政对新农合的人均补助标准在2015年的基础上提高40元，达到420元，其中，中央财政对新增40元部分按照西部地区80%、中部地区60%的比例进行补助，对东部地区各省份分别按一定比例补助。农民个人缴费标准在2015年的基础上提高

30 元，全国平均达到 150 元左右。

（二）医疗费用的支付

新型农村合作医疗制度是以大病统筹为主的农民医疗互助共济制度，主要补助大额医疗费用或住院医疗费用。各县（市）根据筹资总额，结合当地实际，科学合理地确定农村合作医疗基金的支付范围、支付标准和额度。一般来说，主要支付方式为以县为单位集中审核、报销费用；也有城市采用住院费用由合作医疗保险经办机构和医疗机构结算的支付办法。

【风险提示】

无雇工的个体工商户、未在用人单位参加职工基本医疗保险的非全日制从业人员以及其他灵活就业人员可以参加职工基本医疗保险，由个人按照国家规定缴纳基本医疗保险费。

【相关案例】

王某某与四平市市政工程公司社会保险纠纷案

王某某系四平市市政工程公司在职职工，从 2005 年起因公司放假，王某某一直没有上班也没有发工资。四平市社会保险事业管理局证明，王某某失业保险参保时间为 1995 年 1 月 1 日，缴费开始时间为 2004 年 1 月至 2011 年 8 月，养老保险参保时间 1995 年 1 月 1 日，缴费开始时间为 1995 年 7 月至 2008 年 4 月，医疗保险时间为 2014 年 1 月至 2016 年 6 月。2017 年 4 月 18 日、2017 年 5 月 13 日王某某因新生血管性青光眼入住吉林大学第二医院住院治疗，因四平市市政工程公司从 2016 年 9 月始重新进入改制程序，没有缴纳医疗保险，王某某的住院费没有得到医疗保险的结算。

法院认为：《最高人民法院关于审理劳动争议案件适用法律若干问题的解释（三）》第 1 条规定："劳动者以用人单位未为其办理社会保险手续，且社会保险经办机构不能补办导致其无法享受社会保险待遇为由，要求用人单位赔偿损失而发生争议的，人民法院应予受理。"原告起诉四平市市政工程公司社会保险纠纷，主体资格适格，且该请求是因四平市市政工程公司未按时缴纳医疗保险使王某某不能享受医保结算的待遇而引起的争议，属于民事调整范围。关于王某某诉四平市市政工程公司赔偿其医疗费 31860.66 元的请求，原因系四平市市政工程公司未按时缴纳医疗保险使王某某不能享受医保结算的待遇引起，按照社会保险法第 23 条规定的"职工应当参加职工基本医疗保险，由用人单位和职工按照国家规定共同缴纳基本医疗保险费"，以及第 28 条规定的"符合基本医疗保险药品目录、诊疗项目、医疗服务设施标准以及急诊、抢救的医疗费用，按照国家规定从基本医疗保险基金中支付"，四平市市政工程公司应该为王某某缴纳基本医疗保险费，使王某某能够住院后按照正常的程序进行医保结算，因四平市市政工程公司未能完成缴纳基本医疗保险费造成王某某经济上的损失，应该承担相应的责任，四平市市政工程公司应该协助王某某及医疗保险部门对王某某的住院费用进行核算，如果因此医疗保险部门不能进行核算，则应该按照医疗保险部门结算的数额进行赔偿，具体数额应以医疗保险部门结算的数额为准。关于王某某请求被告支付 2005 年至 2017 年的工资 299452 元，因该请求属于劳动法调整的劳动争议内容，而本案是关于劳动者因社会保险待遇要求用人单位赔偿损失而发生的争议，两个诉讼请求不是同一法律关系，应另案告诉，对该请求不予支持。

【法条指引】

中华人民共和国社会保险法（节录）

第二十七条 参加职工基本医疗保险的个人，达到法定退休年龄时累计缴费达到国家规定年限的，退休后不再缴纳基本医疗保险费，按照国家规定享受基本医疗保险待遇；未达到国家规定年限的，可以缴费至国家规定年限。

第二十八条 符合基本医疗保险药品目录、诊疗项目、医疗服务设施标准以及急诊、抢救的医疗费用，按照国家规定从基本医疗保险基金中支付。

第二十九条 参保人员医疗费用中应当由基本医疗保险基金支付的部分，由社会保险经办机构与医疗机构、药品经营单位直接结算。

社会保险行政部门和卫生行政部门应当建立异地就医医疗费用结算制度，方便参保人员享受基本医疗保险待遇。

第三十条 下列医疗费用不纳入基本医疗保险基金支付范围：

（一）应当从工伤保险基金中支付的；

（二）应当由第三人负担的；

（三）应当由公共卫生负担的；

（四）在境外就医的。

医疗费用依法应当由第三人负担，第三人不支付或者无法确定第三人的，由基本医疗保险基金先行支付。基本医疗保险基金先行支付后，有权向第三人追偿。

第三十一条　社会保险经办机构根据管理服务的需要，可以与医疗机构、药品经营单位签订服务协议，规范医疗服务行为。

医疗机构应当为参保人员提供合理、必要的医疗服务。

第三十二条　个人跨统筹地区就业的，其基本医疗保险关系随本人转移，缴费年限累计计算。

第三节　工伤保险

【规则要点】

职工应当参加工伤保险，由用人单位缴纳工伤保险费，职工不缴纳工伤保险费。

【理解与适用】

一、覆盖范围

《工伤保险条例》规定，中华人民共和国境内的企业、事业单位、社会团体、民办非企业单位、基金会、律师事务所、会计师事务所等组织和有雇工的个体工商户按照规定参加工伤保险，为本单位全部职工或者雇工缴纳工伤保险费。并且，工伤保险费按照《社会保险费征缴暂行条例》征缴，由用人单位缴纳工伤保险费，职工不缴纳工伤保险费。

《最高人民法院关于审理工伤保险行政案件若干问题的规定》对劳务派遣等情形明确了承担工伤保险责任的单位：（1）职工与两个或两个以上

单位建立劳动关系，工伤事故发生时，职工为之工作的单位为承担工伤保险责任的单位；（2）劳务派遣单位派遣的职工在用工单位工作期间因工伤亡的，派遣单位为承担工伤保险责任的单位；（3）单位指派到其他单位工作的职工因工伤亡的，指派单位为承担工伤保险责任的单位；（4）用工单位违反法律、法规规定将承包业务转包给不具备用工主体资格的组织或者自然人，该组织或者自然人聘用的职工从事承包业务时因工伤亡的，用工单位为承担工伤保险责任的单位；（5）个人挂靠其他单位对外经营，其聘用的人员因工伤亡的，被挂靠单位为承担工伤保险责任的单位。

《人力资源和社会保障部关于执行〈工伤保险条例〉若干问题的意见（二）》规定，达到或超过法定退休年龄，但未办理退休手续或者未依法享受城镇职工基本养老保险待遇，继续在原用人单位工作期间受到事故伤害或患职业病的，用人单位依法承担工伤保险责任。用人单位招用已经达到、超过法定退休年龄或已经领取城镇职工基本养老保险待遇的人员，在用工期间因工作原因受到事故伤害或患职业病的，如招用单位已按项目参保等方式为其缴纳工伤保险费的，应适用《工伤保险条例》。

中国政府批准的《本国工人与外国工人关于事故赔偿的同等待遇公约》规定，凡批准本公约的国际劳工组织会员国，承允对于已批准本公约的任何其他会员国的人民在其国境内因工业意外事故而受伤害者，或对于需其赡养的家属，在工人赔偿方面，应给予与本国人民同等的待遇。因此，在该公约下的其他会员国的人民来华工作，用人单位应为其办理工伤保险。

此外，对于中国被派遣出境工作的职工，《工伤保险条例》规定，职工被派遣出境工作，依据前往国家或者地区的法律应当参加当地工伤保险的，参加当地工伤保险，其国内工伤保险关系中止；不能参加当地工伤保险的，其国内工伤保险关系不中止。

二、工伤的范围

（一）认定为工伤的情形

1. 在工作时间和工作场所内，因工作原因受到事故伤害的

工作时间是指法律规定、劳动合同约定以及用人单位要求职工工作的时间，包括加班加点的时间，也包括因工作需要必要的工作休息时间。

工作场所是指职工日常工作所在的场所以及用人单位临时指派其工作

的场所。

工作原因是指职工所受的伤害是因其从事日常工作、临时指派工作导致的。

《最高人民法院关于审理工伤保险行政案件若干问题的规定》明确下列情形为工伤：

（1）职工在工作时间和工作场所内受到伤害，用人单位或者社会保险行政部门没有证据证明是非工作原因导致的；

（2）职工参加用人单位组织或者受用人单位指派参加其他单位组织的活动受到伤害的；

（3）在工作时间内，职工来往于多个与其工作职责相关的工作场所之间的合理区域因工受到伤害的；

（4）其他与履行工作职责相关，在工作时间及合理区域内受到伤害的。

2. 工作时间前后在工作场所内，从事与工作有关的预备性或者收尾性工作受到事故伤害的

"预备性工作"是指在工作前的一段时间内，从事的与本职工作相关的事项，例如，运输、准备器械等。"收尾性工作"是指在工作结束后的一段时间内，从事的与本职工作相关的收尾工作，例如，清洁卫生、收拾器械等。

3. 在工作时间和工作场所内，因履行工作职责受到暴力等意外伤害的

职工受到暴力等意外伤害与履行工作职责有关。主要包括两种情形：一是职工因履行工作职责，使其他人不合理的目的没有达成，出于报复心理对职工实施暴力等行为；二是职工在履行工作职责时，受到的意外伤害，例如，房屋倒塌、狂风暴雨等原因造成的伤害。

4. 患职业病的

职业病防治法规定，职业病是指企业、事业单位和个体经济组织等用人单位的劳动者在职业活动中，因接触粉尘、放射性物质和其他有毒、有害因素而引起的疾病。《职业病分类和目录》详细列举了职业病种类。

5. 因工外出期间，由于工作原因受到伤害或者发生事故下落不明的

因公外出是指职工根据用人单位的指派或者工作内容的需求在工作场所之外的地点工作。

《最高人民法院关于审理工伤保险行政案件若干问题的规定》明确下列情况属于"因公外出期间"：

（1）职工受用人单位指派或者因工作需要在工作场所以外从事与工作职责有关的活动期间；

（2）职工受用人单位指派外出学习或者开会期间；

（3）职工因工作需要的其他外出活动期间。

职工因工外出期间从事与工作或者受用人单位指派外出学习、开会无关的个人活动受到伤害，不认定为工伤。

6. 在上下班途中，受到非本人主要责任的交通事故或者城市轨道交通、客运轮渡、火车事故伤害的

"上下班途中"是指职工日常工作的上下班以及加班加点、外派工作的上下班，并且"途中"是指职工在上下班时于合理时间内往返工作地点与住所的合理路线中。

下列情况可认定为上下班途中：

（1）在合理时间内往返于工作地与住所地、经常居住地、单位宿舍的合理路线的上下班途中；

（2）在合理时间内往返于工作地与配偶、父母、子女居住地的合理路线的上下班途中；

（3）从事属于日常工作生活所需要的活动，且在合理时间和合理路线的上下班途中；

（4）在合理时间内其他合理路线的上下班途中。

此外，发生的交通事故等须是"非本人主要责任"，若职工在上下班途中酒驾，承担交通事故的主要责任，则不能认定为工伤。

7. 法律、行政法规规定应当认定为工伤的其他情形

（二）视同工伤的情形

在有些情况下，职工非因工作原因受到伤害的，但法律出于社会整体利益考量，将下列情形视同工伤：

1. 在工作时间和工作岗位，突发疾病死亡或者在 48 小时之内经抢救无效死亡的

"突发疾病"是指工作时间内突然发生的各种疾病，一般为心脏病、心肌梗死等突发性疾病。"48 小时"以医疗机构的初次诊断时间为突发疾

病的起算时间。

2. 在抢险救灾等维护国家利益、公共利益活动中受到伤害的

在抢险救灾等活动中受到伤害的，没有工作时间与工作地点的要求。

3. 职工原在军队服役，因战、因公负伤致残，已取得革命伤残军人证，到用人单位后旧伤复发的

"旧伤复发"是指已取得革命伤残军人证的职工在用人单位工作时，原伤病需要治疗的情形。

职工有上述第1、2种情形的，按照有关规定享受工伤保险待遇；职工有前项第3种情形的，按照有关规定享受除一次性伤残补助金以外的工伤保险待遇。

（三）不得认定为工伤的情形

在有些情况，职工在工作时间、工作地点受到伤害是由于其主观故意或者实施违法行为导致，则不认定为工伤，具体情况包括：

1. 故意犯罪

故意犯罪是指明知自己的行为会发生危害社会的后果，并且希望或者放任此种结果的发生。由于故意犯罪主观恶性较大，不应认定为工伤。但过失犯罪恶性较小，可认定为工伤。过失犯罪是指应当预见自己的行为会导致危害结果的发生，却因为疏忽大意而没有预见或已经预见而轻信可以避免。

2. 醉酒或者吸毒

醉酒或吸毒导致的伤害，是指职工受到酒精或者毒品的作用，无法控制自己的行为而导致的伤害。

3. 自残或者自杀

自残或者自杀是指职工在其自由意志下支配的行为，应由其自己负责。

4. 法律、行政法规规定的其他情形

三、工伤认定的程序

（一）工伤认定的申请

1. 申请期限

职工发生事故伤害或者按照职业病防治法规定被诊断、鉴定为职业病，所在单位应当自事故伤害发生之日或者被诊断、鉴定为职业病之日起30日内，向统筹地区社会保险行政部门提出工伤认定申请。遇有特殊情

况，经报社会保险行政部门同意，申请时限可以适当延长。用人单位未在上述时限内提交工伤认定申请，在此期间发生的工伤待遇等有关费用由该用人单位负担。

用人单位未按规定提出工伤认定申请的，工伤职工或者其近亲属、工会组织在事故伤害发生之日或者被诊断、鉴定为职业病之日起 1 年内，可以直接向用人单位所在地统筹地区社会保险行政部门提出工伤认定申请。

由于不属于职工或者其近亲属自身原因超过工伤认定申请期限的，被耽误的时间不计算在工伤认定申请期限内。

下列情形应当认定为不属于职工或者其近亲属自身原因：

（1）不可抗力；

（2）人身自由受到限制；

（3）属于用人单位原因；

（4）社会保险行政部门登记制度不完善；

（5）当事人对是否存在劳动关系申请仲裁、提起民事诉讼。

2．申请材料

提出工伤认定申请应当提交下列材料：

（1）工伤认定申请表；

（2）与用人单位存在劳动关系（包括事实劳动关系）的证明材料；

（3）医疗诊断证明或者职业病诊断证明书（或者职业病诊断鉴定书）。

工伤认定申请表应当包括事故发生的时间、地点、原因以及职工伤害程度等基本情况。

工伤认定申请人提供材料不完整的，社会保险行政部门应当一次性书面告知工伤认定申请人需要补正的全部材料。申请人按照书面告知要求补正材料后，社会保险行政部门应当受理。

（二）工伤认定的审核

社会保险行政部门受理工伤认定申请后，根据审核需要对事故伤害进行调查核实，用人单位、职工、工会组织、医疗机构以及有关部门应当予以协助。职业病诊断和诊断争议的鉴定，依照职业病防治法的有关规定执行。对依法取得职业病诊断证明书或者职业病诊断鉴定书的，社会保险行政部门不再进行调查核实。

职工或者其近亲属认为是工伤，用人单位不认为是工伤的，由用人单位承担举证责任。

(三) 工伤认定的决定

社会保险行政部门应当自受理工伤认定申请之日起 60 日内作出工伤认定的决定,并书面通知申请工伤认定的职工或者其近亲属和该职工所在单位。

社会保险行政部门对受理的事实清楚、权利义务明确的工伤认定申请,应当在 15 日内作出工伤认定的决定。

作出工伤认定决定需要以司法机关或者有关行政主管部门的结论为依据的,在司法机关或者有关行政主管部门尚未作出结论期间,作出工伤认定决定的时限中止。该种情形是指社会保险行政部门需要等待其他有关机关作出相关结论后方可作出工伤认定决定,此等待期间不纳入时限。

社会保险行政部门工作人员与工伤认定申请人有利害关系的,应当回避。

四、劳动能力的鉴定

(一) 劳动能力鉴定

劳动能力鉴定是指劳动功能障碍程度和生活自理障碍程度的等级鉴定。劳动功能障碍分为十个伤残等级,最重的为一级,最轻的为十级。生活自理障碍分为三个等级:生活完全不能自理、生活大部分不能自理和生活部分不能自理。

劳动能力鉴定标准由国务院社会保险行政部门会同国务院卫生行政部门等部门制定。

(二) 劳动能力鉴定机构

省、自治区、直辖市劳动能力鉴定委员会和设区的市级劳动能力鉴定委员会分别由省、自治区、直辖市和设区的市级社会保险行政部门、卫生行政部门、工会组织、经办机构代表以及用人单位代表组成。

劳动能力鉴定委员会建立医疗卫生专家库。

列入专家库的医疗卫生专业技术人员应当具备下列条件:

一是具有医疗卫生高级专业技术职务任职资格;

二是掌握劳动能力鉴定的相关知识;

三是具有良好的职业品德。

（三）劳动能力鉴定程序

1. 鉴定

劳动能力鉴定由用人单位、工伤职工或者其近亲属向设区的市级劳动能力鉴定委员会提出申请，并提供工伤认定决定和职工工伤医疗的有关资料。

设区的市级劳动能力鉴定委员会收到劳动能力鉴定申请后，应当从其建立的医疗卫生专家库中随机抽取 3 名或者 5 名相关专家组成专家组，由专家组提出鉴定意见。设区的市级劳动能力鉴定委员会根据专家组的鉴定意见作出工伤职工劳动能力鉴定结论；必要时，可以委托具备资格的医疗机构协助进行有关的诊断。

设区的市级劳动能力鉴定委员会应当自收到劳动能力鉴定申请之日起 60 日内作出劳动能力鉴定结论，必要时，作出劳动能力鉴定结论的期限可以延长 30 日。劳动能力鉴定结论应当及时送达申请鉴定的单位和个人。

2. 再次鉴定

申请鉴定的单位或者个人对设区的市级劳动能力鉴定委员会作出的鉴定结论不服的，可以在收到该鉴定结论之日起 15 日内向省、自治区、直辖市劳动能力鉴定委员会提出再次鉴定申请。省、自治区、直辖市劳动能力鉴定委员会作出的劳动能力鉴定结论为最终结论。

3. 复查鉴定

自劳动能力鉴定结论作出之日起 1 年后，工伤职工或者其近亲属、所在单位或者经办机构认为伤残情况发生变化的，可以申请劳动能力复查鉴定。

劳动能力鉴定委员会进行再次鉴定和复查鉴定的期限，依照第一次鉴定期限的规定执行。

劳动能力鉴定工作应当客观、公正。劳动能力鉴定委员会组成人员或者参加鉴定的专家与当事人有利害关系的，应当回避。

五、工伤保险待遇

（一）工伤医疗期间待遇

1. 医疗待遇

职工因工作遭受事故伤害或者患职业病进行治疗，享受工伤医疗待遇。职工治疗工伤应当在签订服务协议的医疗机构就医，情况紧急时可以先到就近的医疗机构急救。

治疗工伤所需费用符合工伤保险诊疗项目目录、工伤保险药品目录、工伤保险住院服务标准的，从工伤保险基金支付。工伤保险诊疗项目目录、工伤保险药品目录、工伤保险住院服务标准，由国务院社会保险行政部门会同国务院卫生行政部门、食品药品监督管理部门等部门规定。

职工住院治疗工伤的伙食补助费，以及经医疗机构出具证明，报经办机构同意，工伤职工到统筹地区以外就医所需的交通、食宿费用从工伤保险基金支付，基金支付的具体标准由统筹地区人民政府规定。

工伤职工到签订服务协议的医疗机构进行工伤康复的费用，符合规定的，从工伤保险基金支付。社会保险行政部门作出认定为工伤的决定后发生行政复议、行政诉讼的，行政复议和行政诉讼期间不停止支付工伤职工治疗工伤的医疗费用。

2. 停工留薪待遇

职工因工作遭受事故伤害或者患职业病需要暂停工作接受工伤医疗的，在停工留薪期内，原工资福利待遇不变，由所在单位按月支付。

停工留薪期一般不超过 12 个月。伤情严重或者情况特殊，经设区的市级劳动能力鉴定委员会确认，可以适当延长，但延长不得超过 12 个月。工伤职工评定伤残等级后，停发原待遇，按照有关规定享受伤残待遇。工伤职工在停工留薪期满后仍需治疗的，继续享受工伤医疗待遇。

3. 生活护理待遇

生活不能自理的工伤职工在停工留薪期需要护理的，由所在单位负责。

（二）工伤致残待遇

1. 生活护理待遇

工伤职工已经评定伤残等级并经劳动能力鉴定委员会确认需要生活护理的，从工伤保险基金按月支付生活护理费。

生活护理费按照生活完全不能自理、生活大部分不能自理或者生活部分不能自理 3 个不同等级支付，其标准分别为统筹地区上年度职工月平均工资的 50%、40% 或者 30%。

2. 伤残待遇

（1）一级至四级伤残待遇

职工因工致残被鉴定为一级至四级伤残的，保留劳动关系，退出工作岗位，享受以下待遇。

① 从工伤保险基金按伤残等级支付一次性伤残补助金

标准为：一级伤残为27个月的本人工资，二级伤残为25个月的本人工资，三级伤残为23个月的本人工资，四级伤残为21个月的本人工资。

② 从工伤保险基金按月支付伤残津贴

标准为：一级伤残为本人工资的90%，二级伤残为本人工资的85%，三级伤残为本人工资的80%，四级伤残为本人工资的75%。伤残津贴实际金额低于当地最低工资标准的，由工伤保险基金补足差额。

③ 办理退休手续后享受基本养老保险待遇

工伤职工达到退休年龄并办理退休手续后，停发伤残津贴，按照国家有关规定享受基本养老保险待遇。基本养老保险待遇低于伤残津贴的，由工伤保险基金补足差额。

职工因工致残被鉴定为一级至四级伤残的，由用人单位和职工个人以伤残津贴为基数，缴纳基本医疗保险费。

（2）五级、六级伤残待遇

职工因工致残被鉴定为五级、六级伤残的，享受以下待遇：

① 从工伤保险基金按伤残等级支付一次性伤残补助金

标准为：五级伤残为18个月的本人工资，六级伤残为16个月的本人工资。

② 保留与用人单位的劳动关系，由用人单位安排适当工作

难以安排工作的，由用人单位按月发给伤残津贴，标准为：五级伤残为本人工资的70%，六级伤残为本人工资的60%，并由用人单位按照规定为其缴纳应缴纳的各项社会保险费。伤残津贴实际金额低于当地最低工资标准的，由用人单位补足差额。

经工伤职工本人提出，该职工可以与用人单位解除或者终止劳动关系，由工伤保险基金支付一次性工伤医疗补助金，由用人单位支付一次性伤残就业补助金。一次性工伤医疗补助金和一次性伤残就业补助金的具体标准由省、自治区、直辖市人民政府规定。

（3）七级至十级伤残待遇

职工因工致残被鉴定为七级至十级伤残的，享受以下待遇：

① 从工伤保险基金按伤残等级支付一次性伤残补助金

标准为：七级伤残为 13 个月的本人工资，八级伤残为 11 个月的本人工资，九级伤残为 9 个月的本人工资，十级伤残为 7 个月的本人工资。

② 终止劳动合同的，由用人单位支付一次性伤残就业补助金

劳动、聘用合同期满终止，或者职工本人提出解除劳动、聘用合同的，由工伤保险基金支付一次性工伤医疗补助金，由用人单位支付一次性伤残就业补助金。一次性工伤医疗补助金和一次性伤残就业补助金的具体标准由省、自治区、直辖市人民政府规定。

3. 配置辅助器具待遇

工伤职工因日常生活或者就业需要，经劳动能力鉴定委员会确认，可以安装假肢、矫形器、假眼、假牙和配置轮椅等辅助器具，所需费用按照国家规定的标准从工伤保险基金支付。

(三) 因工死亡待遇

职工因工死亡，其近亲属按照规定从工伤保险基金领取丧葬补助金、供养亲属抚恤金和一次性工亡补助金：

1. 丧葬补助金

丧葬补助金为 6 个月的统筹地区上年度职工月平均工资。

2. 供养亲属抚恤金

按照职工本人工资的一定比例发给由因工死亡职工生前提供主要生活来源、无劳动能力的亲属。标准为：配偶每月 40%，其他亲属每人每月 30%，孤寡老人或者孤儿每人每月在上述标准的基础上增加 10%。核定的各供养亲属的抚恤金之和不应高于因工死亡职工生前的工资。供养亲属的具体范围由国务院社会保险行政部门规定。

《因工死亡职工供养亲属范围规定》规定，因工死亡职工供养亲属，是指该职工的配偶、子女、父母、祖父母、外祖父母、孙子女、外孙子女、兄弟姐妹。子女，包括婚生子女、非婚生子女、养子女和有抚养关系的继子女，其中，婚生子女、非婚生子女包括遗腹子女；父母，包括生父母、养父母和有抚养关系的继父母；兄弟姐妹，包括同父母的兄弟姐妹、同父异母或者同母异父的兄弟姐妹、养兄弟姐妹、有抚养关系的继兄弟姐妹。

上条规定的人员，依靠因工死亡职工生前提供主要生活来源，并有下

列情形之一的，可按规定申请供养亲属抚恤金：

（1）完全丧失劳动能力的；

（2）工亡职工配偶男年满60周岁、女年满55周岁的；

（3）工亡职工父母男年满60周岁、女年满55周岁的；

（4）工亡职工子女未满18周岁的；

（5）工亡职工父母均已死亡，其祖父、外祖父年满60周岁，祖母、外祖母年满55周岁的；

（6）工亡职工子女已经死亡或完全丧失劳动能力，其孙子女、外孙子女未满18周岁的；

（7）工亡职工父母均已死亡或完全丧失劳动能力，其兄弟姐妹未满18周岁的。

也就是说，只有满足上述情形之一的亲属方可申请供养亲属抚恤金。

3. 一次性工亡补助金

一次性工亡补助金标准为上一年度全国城镇居民人均可支配收入的20倍。

伤残职工在停工留薪期内因工伤导致死亡的，其近亲属享受上述待遇。一级至四级伤残职工在停工留薪期满后死亡的，其近亲属可以享受丧葬补助金和供养亲属抚恤金待遇。

职工因工外出期间发生事故或者在抢险救灾中下落不明的，从事故发生当月起3个月内照发工资，从第4个月起停发工资，由工伤保险基金向其供养亲属按月支付供养亲属抚恤金。生活有困难的，可以预支一次性工亡补助金的50%。职工被人民法院宣告死亡的，按照职工因工死亡的规定处理。

（四）工伤保险待遇的其他情形

1. 停止享受工伤保险待遇情形

工伤职工有下列情形之一的，停止享受工伤保险待遇：

（1）丧失享受待遇条件的；

（2）拒不接受劳动能力鉴定的；

（3）拒绝治疗的。

2. 用人单位变动的，工伤保险责任的承担

用人单位分立、合并、转让的，承继单位应当承担原用人单位的工伤

保险责任；原用人单位已经参加工伤保险的，承继单位应当到当地经办机构办理工伤保险变更登记。

用人单位实行承包经营的，工伤保险责任由职工劳动关系所在单位承担。

职工被借调期间受到工伤事故伤害的，由原用人单位承担工伤保险责任，但原用人单位与借调单位可以约定补偿办法。

企业破产的，在破产清算时依法拨付应当由单位支付的工伤保险待遇费用。

3. 职工再次发生工伤，根据规定应当享受伤残津贴的，按照新认定的伤残等级享受伤残津贴待遇。

【相关案例】

邹某某诉孙某某、刘某某工伤事故损害赔偿纠纷案

原告邹某某系新威电器职工，2007年3月23日，原告在公司工作过程中不慎受伤，2007年12月4日，原告的伤情经仪征市劳动和社会保障局认定为工伤。事故发生后，新威电器支付了原告的医疗费以及2007年4月17日至7月底的护理费、营养费3180元。

被告孙某某、刘某某系新威电器的股东，该公司经股东会决议解散，于2008年2月19日申请注销。

2008年6月30日，经扬州市劳动能力鉴定委员会鉴定，原告邹某某的伤残等级为十级。2008年9月9日，原告向劳动部门申请仲裁，2008年9月10日，仪征市劳动争议仲裁委员会以被诉主体资格不符为由，向原告发出了不予受理案件通知书。

仪征市人民法院一审认为：劳动者的合法权益应当依法予以保护。原告邹某某在新威电器工作期间遭受工伤，依法应当享受工伤待遇。因用人单位未参加工伤保险统筹，因此应由用人单位按照国家的有关标准负担工伤职工的工伤保险待遇。因新威电器被注销时主体资格已消灭，故原告不能以该公司为被告起诉。被告孙某某、刘某某作为新威电器原股东及公司清算组的成员，应依法履行法定义务。根据公司法第190条的规定，清算组成员因故意或者重大过失给公司或者债权人造成损失的，应当承担赔偿

责任。本案中，二被告已知原告遭受工伤，故在清算过程中应当考虑到原告工伤待遇的给付问题，但仍然遗漏，给原告的利益造成了重大损害，应认定为重大过失，二被告应对原告的损失进行赔偿。孙某某、刘某某不服提起上诉，二审法院判决驳回上诉，维持原判。

【法条指引】

中华人民共和国社会保险法（节录）

第三十五条　用人单位应当按照本单位职工工资总额，根据社会保险经办机构确定的费率缴纳工伤保险费。

第三十六条　职工因工作原因受到事故伤害或者患职业病，且经工伤认定的，享受工伤保险待遇；其中，经劳动能力鉴定丧失劳动能力的，享受伤残待遇。

工伤认定和劳动能力鉴定应当简捷、方便。

第三十七条　职工因下列情形之一导致本人在工作中伤亡的，不认定为工伤：

（一）故意犯罪；

（二）醉酒或者吸毒；

（三）自残或者自杀；

（四）法律、行政法规规定的其他情形。

第三十八条　因工伤发生的下列费用，按照国家规定从工伤保险基金中支付：

（一）治疗工伤的医疗费用和康复费用；

（二）住院伙食补助费；

（三）到统筹地区以外就医的交通食宿费；

（四）安装配置伤残辅助器具所需费用；

（五）生活不能自理的，经劳动能力鉴定委员会确认的生活护理费；

（六）一次性伤残补助金和一至四级伤残职工按月领取的伤残津贴；

（七）终止或者解除劳动合同时，应当享受的一次性医疗补助金；

（八）因工死亡的，其遗属领取的丧葬补助金、供养亲属抚恤金和因工死亡补助金；

（九）劳动能力鉴定费。

第三十九条 因工伤发生的下列费用，按照国家规定由用人单位支付：

（一）治疗工伤期间的工资福利；

（二）五级、六级伤残职工按月领取的伤残津贴；

（三）终止或者解除劳动合同时，应当享受的一次性伤残就业补助金。

第四十条 工伤职工符合领取基本养老金条件的，停发伤残津贴，享受基本养老保险待遇。基本养老保险待遇低于伤残津贴的，从工伤保险基金中补足差额。

第四十一条 职工所在用人单位未依法缴纳工伤保险费，发生工伤事故的，由用人单位支付工伤保险待遇。用人单位不支付的，从工伤保险基金中先行支付。

从工伤保险基金中先行支付的工伤保险待遇应当由用人单位偿还。用人单位不偿还的，社会保险经办机构可以依照本法第六十三条的规定追偿。

第四十二条 由于第三人的原因造成工伤，第三人不支付工伤医疗费用或者无法确定第三人的，由工伤保险基金先行支付。工伤保险基金先行支付后，有权向第三人追偿。

第四十三条 工伤职工有下列情形之一的，停止享受工伤保险待遇：

（一）丧失享受待遇条件的；

（二）拒不接受劳动能力鉴定的；

（三）拒绝治疗的。

第四节　生育保险

【规则要点】

职工应当参加生育保险，由用人单位按照国家规定缴纳生育保险费，职工不缴纳生育保险费。

【理解与适用】

一、生育保险基金的覆盖范围与筹集

（一）生育保险的覆盖范围

《企业职工生育保险试行办法》规定，生育保险适用于城镇企业及其职工，具体包括中国境内的国家机关、企业、事业单位、社会团体、个体经济组织以及其他社会组织等用人单位及其女职工。

（二）生育保险基金的筹集

由企业按照其工资总额的一定比例向社会保险经办机构缴纳生育保险费，建立生育保险基金。生育保险费的提取比例由当地人民政府根据计划内生育人数和生育津贴、生育医疗费等项费用确定，并可根据费用支出情况适时调整，但最高不得超过工资总额的百分之一。企业缴纳的生育保险费作为期间费用处理，列入企业管理费用。企业必须按期缴纳生育保险费。对逾期不缴纳的，按日加收千分之二的滞纳金。滞纳金转入生育保险基金。滞纳金计入营业外支出，纳税时进行调整。

职工个人不缴纳生育保险费。

二、申请生育保险待遇的条件

申请生育保险待遇应当符合以下条件：

1. 参加生育保险

申请生育保险待遇的女职工须是已参加生育保险的主体，其所在工作单位已为其办理生育保险登记并按时足额缴纳了生育保险费。

2. 符合中国计划生育规定

申请生育保险待遇的女职工应符合计划生育政策。中国法律规定，一对夫妇可生育两个孩子。故女职工须是在"生育两个孩子"期间内申请。

3. 申请人存在合法有效的婚姻关系

申请生育保险的女职工需要存在合法有效的婚姻关系，即其婚姻关系满足《中华人民共和国婚姻法》关于缔结婚姻关系的形式条件与实质条件，包括婚姻当事人达到法定婚龄，自愿结婚，且没有法律规定禁止结婚的情形，并进行了婚姻登记。

4. 符合生育保险的就医规定

申请生育保险待遇的女职工应当按照社会保险经办机构确定的定点医疗机构就医,并且按照社会保障行政主管部门确定的生育保险支付项目和标准来报销相关费用。超出规定的医疗服务费和药费(含自费药品和营养药品的药费)由职工个人负担。

三、申请生育保险待遇的程序

女职工生育或流产后,由本人或所在企业持当地计划生育部门签发的计划生育证明,婴儿出生、死亡或流产证明,到当地社会保险经办机构办理手续,领取生育津贴和报销生育医疗费。

经办机构应当自受理申请之日起 20 日内进行审核,对符合条件的,核定其享受期限和标准,予以一次性计发;对不符合条件的,应当书面告知。

四、生育保险待遇

(一)生育医疗费

生育医疗费用包括下列各项:

1. 生育的医疗费用,女职工生育的检查费、接生费、手术费、住院费和药费由生育保险基金支付;
2. 计划生育的医疗费用;
3. 法律、法规规定的其他项目费用。

(二)生育津贴

职工有下列情形之一的,可以按照国家规定享受生育津贴:

1. 女职工生育享受产假;
2. 享受计划生育手术休假;
3. 法律、法规规定的其他情形。

生育津贴按照职工所在单位上年度职工月平均工资计发。

(三)其他医疗费用

女职工生育出院后,因生育引起疾病的医疗费,由生育保险基金支付;其他疾病的医疗费,按照医疗保险待遇的规定办理。女职工产假期满后,因病需要休息治疗的,按照有关病假待遇和医疗保险待遇规定办理。

【风险提示】

用人单位已经缴纳生育保险费的,其职工享受生育保险待遇;职工未就业配偶按照国家规定享受生育医疗费用待遇。所需资金从生育保险基金中支付。

【相关案例】

马某某与南通微纺电子商务有限公司生育保险待遇纠纷案

原告马某某于 2014 年 3 月 24 日到被告南通微纺电子商务有限公司工作,被告为原告缴纳了社会保险(含生育保险)。××××年×月,原告生育一子。南通市通州区医疗保险基金管理中心已将原告的生育津贴 13067 元、一次性营养费 1151 元,合计 14218 元,汇入被告公司账户,但被告未支付给原告。法院认为,被告已为原告缴纳了生育保险费,原告依法享受生育保险待遇。通州区医疗保险基金管理中心已核发原告的生育保险待遇 14218 元至被告公司,被告公司理应将该款支付给原告。原告的诉讼请求合法有据,应予支持。依据社会保险法第 54 条,民事诉讼法第 144 条规定,判决如下:被告南通微纺电子商务有限公司于本判决生效后 3 日内向原告马某某支付生育保险待遇 14218 元。

【法条指引】

中华人民共和国社会保险法(节录)

第五十四条 用人单位已经缴纳生育保险费的,其职工享受生育保险待遇;职工未就业配偶按照国家规定享受生育医疗费用待遇。所需资金从生育保险基金中支付。

生育保险待遇包括生育医疗费用和生育津贴。

第五十五条 生育医疗费用包括下列各项:

(一)生育的医疗费用;

(二)计划生育的医疗费用;

（三）法律、法规规定的其他项目费用。

第五十六条　职工有下列情形之一的，可以按照国家规定享受生育津贴：

（一）女职工生育享受产假；

（二）享受计划生育手术休假；

（三）法律、法规规定的其他情形。

生育津贴按照职工所在用人单位上年度职工月平均工资计发。

企业职工生育保险试行办法（节录）

第五条　女职工生育按照法律、法规的规定享受产假。产假期间的生育津贴按照本企业上年度职工月平均工资计发，由生育保险基金支付。

第六条　女职工生育的检查费、接生费、手术费、住院费和药费由生育保险基金支付。超出规定的医疗服务费和药费（含自费药品和营养药品的药费）由职工个人负担。

女职工生育出院后，因生育引起疾病的医疗费，由生育保险基金支付；其它疾病的医疗费，按照医疗保险待遇的规定办理。女职工产假期满后，因病需要休息治疗的，按照有关病假待遇和医疗保险待遇规定办理。

第七条　女职工生育或流产后，由本人或所在企业持当地计划生育部门签发的计划生育证明，婴儿出生、死亡或流产证明，到当地社会保险经办机构办理手续，领取生育津贴和报销生育医疗费。

第五节　养老保险

【规则要点】

职工应当参加基本养老保险，由用人单位和职工共同缴纳基本养老保险费。无雇工的个体工商户、未在用人单位参加基本养老保险的非全日制从业人员以及其他灵活就业人员可以参加基本养老保险，由个人缴纳基本养老保险费。

【理解与适用】

一、养老保险覆盖范围

社会保险法规定,职工应当参加基本养老保险;无雇工的个体工商户、未在用人单位参加基本养老保险的非全日制从业人员以及其他灵活就业人员可以参加基本养老保险,由个人缴纳基本养老保险费。

公务员和参照公务员法管理的工作人员养老保险的办法由国务院规定。

可见,职工基本养老保险适用于城镇各类企业、个体工商户及灵活就业人员等。对于公务员和参照公务员法管理的工作人员的养老保险不同于职工基本养老保险。

二、养老保险基金的筹集

(一) 用人单位缴纳养老保险费

用人单位应当按照国家规定的本单位职工工资总额的比例缴纳基本养老保险费,记入基本养老保险统筹基金。其中,用人单位缴纳基本养老保险费的比例,一般不得超过用人单位工资总额的20%,具体比例由省、自治区、直辖市人民政府确定。

(二) 劳动者个人缴纳养老保险费

职工应当按照国家规定的本人工资的比例缴纳基本养老保险费,记入个人账户。职工缴费比例为个人工资的8%。

无雇工的个体工商户、未在用人单位参加基本养老保险的非全日制从业人员以及其他灵活就业人员参加基本养老保险的,应当按照国家规定缴纳基本养老保险费,分别记入基本养老保险统筹基金和个人账户。根据《国务院关于完善企业职工基本养老保险制度的决定》,城镇个体工商户和灵活就业人员参加基本养老保险的缴费基数为当地上年度在岗职工平均工资,缴费比例为20%,其中,8%记入个人账户,退休后按企业职工基本养老金计发办法计发基本养老金。

(三) 国家的财政补贴

国家财政补贴养老保险基金主要包括以下三个方面:

第一,税前提取保险费,养老保险基金增值不加税,退休金超过一定限额不征调节税。

第二,对存入国家金融机构的养老保险基金给予偏高利率,对于个人账户,不得提前支取,记账利率不得低于银行定期存款利率,免征利息税。

第三,基本养老保险基金出现支付不足时,政府给予补贴。

三、养老保险金的发放

(一)养老保险金发放条件

1. 达到国家规定的退休条件

根据《劳动和社会保障部关于制止和纠正违反国家规定办理企业职工提前退休有关问题的通知》,国家法定的企业职工退休年龄是:男年满60周岁,女工人年满50周岁,女干部年满55周岁。从事井下、高空、高温、特别繁重体力劳动或其他有害身体健康工作的,退休年龄为男年满55周岁、女年满45周岁;因病或非因工致残,由医院证明并经劳动鉴定委员会确认完全丧失劳动能力的,退休年龄为男年满55周岁、女年满45周岁。

2. 按照规定缴纳职工基本养老保险费累计缴费年限满15年

参加基本养老保险的个人,达到法定退休年龄时累计缴费满15年的,按月领取基本养老金。

参加基本养老保险的个人,达到法定退休年龄时累计缴费不足15年的,可以缴费至满15年,按月领取基本养老金;也可以转入新型农村社会养老保险或者城镇居民社会养老保险,按照国务院规定享受相应的养老保险待遇。

(二)养老保险金的发放

领取养老金的退休人员按月领取基本养老金。

参加基本养老保险的个人,因病或者非因工死亡的,其遗属可以领取丧葬补助金和抚恤金;在未达到法定退休年龄时因病或者非因工致残完全丧失劳动能力的,可以领取病残津贴。所需资金从基本养老保险基金中支付。

国家建立基本养老金正常调整机制。根据职工平均工资增长、物价上涨情况，适时提高基本养老保险待遇水平。

四、企业补充养老保险——企业年金

企业补充养老保险，也叫企业年金，企业及其职工在依法参加基本养老保险的基础上，自主参加补充养老保险。

（一）企业年金设立条件

1. 已参加基本养老保险并履行缴费义务，企业具有相应的经济负担能力

企业和职工建立企业年金，应当依法参加基本养老保险并履行缴费义务，企业具有相应的经济负担能力。企业只有在参加基本养老保险的基础上，方可再设立企业年金，并且需要具备相应的经济能力。

2. 企业与职工集体协商确定企业年金方案

建立企业年金，企业应当与职工一方通过集体协商确定，并制定企业年金方案。

3. 签订受托管理合同

企业和职工建立企业年金，应当确定企业年金受托人，由企业代表委托人与受托人签订受托管理合同。受托人可以是符合国家规定的法人受托机构，也可以是企业按照国家有关规定成立的企业年金理事会。

（二）企业年金方案

1. 企业年金的设立

企业年金方案应当包括以下内容：

（1）参加人员；

（2）资金筹集与分配的比例和办法；

（3）账户管理；

（4）权益归属；

（5）基金管理；

（6）待遇计发和支付方式；

（7）方案的变更和终止；

（8）组织管理和监督方式；

（9）双方约定的其他事项。

企业年金方案适用于企业试用期满的职工。

企业应当将企业年金方案报送所在地县级以上人民政府人力资源社会保障行政部门；中央所属企业的企业年金方案报送人力资源社会保障部；跨省企业的企业年金方案报送其总部所在地省级人民政府人力资源社会保障行政部门；省内跨地区企业的企业年金方案报送其总部所在地设区的市级以上人民政府人力资源社会保障行政部门。

人力资源社会保障行政部门自收到企业年金方案文本之日起 15 日内未提出异议的，企业年金方案即行生效。

2. 企业年金的变更

企业与职工一方可以根据企业情况，按照国家政策规定，经协商一致，变更企业年金方案。变更后的企业年金方案应当经职工代表大会或者全体职工讨论通过，并重新报送人力资源社会保障行政部门。

3. 企业年金的终止

发生下列情形之一的，企业年金方案终止：

（1）企业因依法解散、被依法撤销或者被依法宣告破产等原因，致使企业年金方案无法履行的；

（2）因不可抗力等原因致使企业年金方案无法履行的；

（3）企业年金方案约定的其他终止条件出现的。

企业应当在企业年金方案变更或者终止后 10 日内报告人力资源社会保障行政部门，并通知受托人。企业应当在企业年金方案终止后，按国家有关规定对企业年金基金进行清算，并按相关规定处理企业年金账户。

（三）企业年金基金筹集

企业年金基金由下列各项组成：

一是企业缴费；

二是职工个人缴费；

三是企业年金基金投资运营收益。

企业缴费每年不超过本企业职工工资总额的 8%。企业和职工个人缴费合计不超过本企业职工工资总额的 12%。具体所需费用，由企业和职工双方协商确定。职工个人缴费由企业从职工个人工资中代扣代缴。

实行企业年金后，企业如遇到经营亏损、重组并购等当期不能继续缴费的情况，经与职工一方协商，可以中止缴费。不能继续缴费的情况消失后，企业和职工恢复缴费，并可以根据本企业实际情况，按照中止缴费时的企业年金方案予以补缴。补缴的年限和金额不得超过实际中止缴费的年限和金额。

（四）企业年金待遇

符合下列条件之一的，可以领取企业年金：

1. 职工在达到国家规定的退休年龄或者完全丧失劳动能力时，可以从本人企业年金个人账户中按月、分次或者一次性领取企业年金，也可以将本人企业年金个人账户资金全部或者部分购买商业养老保险产品，依据保险合同领取待遇并享受相应的继承权。

2. 出国（境）定居人员的企业年金个人账户资金，可以根据本人要求一次性支付给本人。

3. 职工或者退休人员死亡后，其企业年金个人账户余额可以继承。

未达到企业年金领取条件之一的，不得从企业年金个人账户中提前提取资金。

【风险提示】

基本养老保险实行社会统筹与个人账户相结合。基本养老保险基金由用人单位和个人缴费以及政府补贴等组成。个人账户不得提前支取，记账利率不得低于银行定期存款利率，免征利息税。个人死亡的，个人账户余额可以继承。

【相关案例】

王某某与淮南市战马球拍厂留守处劳动争议案

1988年12月，王某某进入淮南市战马球拍厂工作，王某某在淮南市战马球拍厂参加了职工养老保险，个人补缴了其养老保险账户1996年1月至2007年7月期间的全部保险费用15083.94元，其中，单位应缴纳本金11485.96元，个人应缴纳本金3597.98元。2007年8月至2012年5月，王某某养老保险账户共计欠费21108.64元，其中单位应缴15077.6元，个人应缴6031.04元。2016年6月29日，王某某向淮南市田家庵区劳动人事争议仲裁委员会提起仲裁，要求：（1）判令被申请人支付申请人2007年8

月至 2012 年 5 月的社保欠费被申请人应承担的费用 15077.6 元；（2）判令被申请人返还申请人垫付的 1996 年 1 月至 2007 年 7 月的社保费用被申请人应当承担的费用 11485.96 元；（3）判令被申请人协同申请人补交保险费用及办好转移手续。2016 年 7 月 1 日，淮南市田家庵区劳动人事争议仲裁委员会以不符合受理条件为由，作出淮南田劳仲不字（2016）第 8 号不予受理案件通知书。一审法院认为，社会保险法第 10 条规定，职工应当参加基本养老保险，由用人单位和职工共同缴纳基本养老保险费。据此规定，用人单位负有为职工缴纳养老保险费的法定义务。但原劳动部《关于贯彻执行〈中华人民共和国劳动法〉若干问题的意见》第 6 条同时规定，用人单位应与其富余人员、放长假的职工，签订劳动合同，但其劳动合同与在岗职工的劳动合同在内容上可以有所区别；用人单位与劳动者经协商一致可以在劳动合同中就不在岗期间的有关事项作出规定。本案中，淮南市战马球拍厂 1994 年即已停产，王某某也于 20 世纪 90 年代初到上海生活并工作，双方虽未就不在岗期间的有关事项作出规定，但王某某不再为淮南市战马球拍厂提供劳动，淮南市战马球拍厂也不再向王某某支付劳动报酬及各项福利待遇，双方对此并无争议。经审查，王某某后来虽然在淮南市战马球拍厂参加了养老保险，并个人补缴了其养老保险账户 1996 年 1 月至 2007 年 7 月期间的全部保险费用，战马厂留守处庭审后提交的 2010 年 10 月 9 日《淮南市战马球拍厂留守处成员会议纪要》也证实，战马厂留守处研究决定使用厂房厂地租金给 2010 年 8 月以后退休职工发放社保补贴。但据以上事实，并不能否定双方劳动关系事实上已经中止，相关权利、义务也处于中止状态。现王某某要求战马厂留守处承担其离职以后的社会保险义务，没有事实依据。此外，根据社会保险法第 63 条的规定，王某某养老保险账户自 2007 年 8 月至 2012 年 5 月欠费中的单位缴纳部分 15077.6 元，即使战马厂留守处有缴费义务，也应由社会保险费征收机构责令限期缴纳或者补足，不属于人民法院受案范围，法院依法不予处理。另据民法通则第 135 条、《中华人民共和国劳动争议调解仲裁法》第 27 条的规定，王某某要求战马厂留守处支付其缴纳的 1996 年 1 月至 2007 年 7 月养老保险费用中单位承担部分 11485.96 元，已经超过了仲裁及诉讼时效，即使战马厂留守处有赔偿义务，法院也不应再予以支持。另查，现王某某办理社会保险关系转移手续问题，是因不符合国家社保转移接续规定及其养老保险账户欠费造成,并非战马厂留守处拒绝协助造成。在此情况下,王某某诉请战马厂留守处协同补交保险费用及办好转移手续,同样没有事实依据,法院也不予支持。判决驳回原告王某某的诉讼请求。

【法条指引】

中华人民共和国社会保险法(节录)

第十六条　参加基本养老保险的个人,达到法定退休年龄时累计缴费满十五年的,按月领取基本养老金。

参加基本养老保险的个人,达到法定退休年龄时累计缴费不足十五年的,可以缴费至满十五年,按月领取基本养老金;也可以转入新型农村社会养老保险或者城镇居民社会养老保险,按照国务院规定享受相应的养老保险待遇。

第十七条　参加基本养老保险的个人,因病或者非因工死亡的,其遗属可以领取丧葬补助金和抚恤金;在未达到法定退休年龄时因病或者非因工致残完全丧失劳动能力的,可以领取病残津贴。所需资金从基本养老保险基金中支付。

第十八条　国家建立基本养老金正常调整机制。根据职工平均工资增长、物价上涨情况,适时提高基本养老保险待遇水平。

第十九条　个人跨统筹地区就业的,其基本养老保险关系随本人转移,缴费年限累计计算。个人达到法定退休年龄时,基本养老金分段计算、统一支付。具体办法由国务院规定。

第六节　职工福利

【规则要点】

用人单位应当创造条件,改善集体福利,提高劳动者的福利待遇。

【理解与适用】

一、住房公积金

住房公积金是指国家机关、国有企业、城镇集体企业、外商投资企业、城镇私营企业及其他城镇企业、事业单位、民办非企业单位、社会团体及其在职职工缴存的长期住房储金。因此，城镇所有在职职工（外籍员工除外），无论其工作单位性质为何，均需要缴存住房公积金。

（一）住房公积金的缴存

1. 住房公积金缴存登记

单位应当到住房公积金管理中心办理住房公积金缴存登记，经住房公积金管理中心审核后，到受委托银行为本单位职工办理住房公积金账户设立手续。每个职工只能有一个住房公积金账户。职工个人缴存的住房公积金和职工所在单位为职工缴存的住房公积金，属于职工个人所有。

单位录用职工的，应当自录用之日起30日内到住房公积金管理中心办理缴存登记，并持住房公积金管理中心的审核文件，到受委托银行办理职工住房公积金账户的设立或者转移手续。

2. 住房公积金缴存金额

职工住房公积金的月缴存额为职工本人上一年度月平均工资乘以职工住房公积金缴存比例。单位为职工缴存的住房公积金的月缴存额为职工本人上一年度月平均工资乘以单位住房公积金缴存比例。

新参加工作的职工从参加工作的第二个月开始缴存住房公积金，月缴存额为职工本人当月工资乘以职工住房公积金缴存比例。

单位新调入的职工从调入单位发放工资之日起缴存住房公积金，月缴存额为职工本人当月工资乘以职工住房公积金缴存比例。

职工和单位住房公积金的缴存比例均不得低于职工上一年度月平均工资的5%；有条件的城市，可以适当提高缴存比例。具体缴存比例由住房公积金管理委员会拟订，经本级人民政府审核后，报省、自治区、直辖市人民政府批准。

职工个人缴存的住房公积金，由所在单位每月从其工资中代扣代缴。单位应当于每月发放职工工资之日起5日内，将单位缴存的和为职工代缴的住房公积金汇缴到住房公积金专户内，由受委托银行计入职工住房公积金账户。

单位应当按时、足额缴存住房公积金，不得逾期缴存或者少缴。对缴存住房公积金确有困难的单位，经本单位职工代表大会或者工会讨论通过，并经住房公积金管理中心审核，报住房公积金管理委员会批准后，可以降低缴存比例或者缓缴；待单位经济效益好转后，再提高缴存比例或者补缴缓缴。

住房公积金自存入职工住房公积金账户之日起按照国家规定的利率计息。

（二）住房公积金的提取使用

1. 提取住房公积金的情形

职工有下列情形之一的，可以提取职工住房公积金账户内的存储余额：

（1）购买、建造、翻建、大修自住住房的；

（2）离休、退休的；

（3）完全丧失劳动能力，并与单位终止劳动关系的；

（4）出境定居的；

（5）偿还购房贷款本息的；

（6）房租超出家庭工资收入的规定比例的。

职工死亡或者被宣告死亡的，职工的继承人、受遗赠人可以提取职工住房公积金账户内的存储余额；无继承人也无受遗赠人的，职工住房公积金账户内的存储余额纳入住房公积金的增值收益。

2. 提取住房公积金的程序

（1）职工提取住房公积金账户内的存储余额的，由所在单位予以核实，并出具提取证明。

（2）职工应当持提取证明向住房公积金管理中心申请提取住房公积金。住房公积金管理中心应当自受理申请之日起3日内作出准予提取或者不准提取的决定，并通知申请人；准予提取的，由受委托银行办理支付手续。

3. 申请住房公积金贷款

缴存住房公积金的职工，在购买、建造、翻建、大修自住住房时，可以向住房公积金管理中心申请住房公积金贷款。

住房公积金管理中心应当自受理申请之日起15日内作出准予贷款或者

不准贷款的决定，并通知申请人；准予贷款的，由受委托银行办理贷款手续。申请人申请住房公积金贷款的，应当提供担保。

住房公积金贷款的风险，由住房公积金管理中心承担。

二、企业职工福利费

企业职工福利费是指企业为职工提供的除职工工资、奖金、津贴、纳入工资总额管理的补贴、职工教育经费、社会保险费和补充养老保险费（年金）、补充医疗保险费及住房公积金以外的福利待遇支出，包括发放给职工或为职工支付的以下各项现金补贴和非货币性集体福利：

1. 为职工卫生保健、生活等发放或支付的各项现金补贴和非货币性福利

主要包括职工因公外地就医费用、暂未实行医疗统筹企业职工医疗费用、职工供养直系亲属医疗补贴、职工疗养费用、自办职工食堂经费补贴或未办职工食堂统一供应午餐支出、符合国家有关财务规定的供暖费补贴、防暑降温费等。

2. 企业尚未分离的内设集体福利部门所发生的设备、设施和人员费用

包括职工食堂、职工浴室、理发室、医务所、托儿所、疗养院、集体宿舍等集体福利部门设备、设施的折旧、维修保养费用以及集体福利部门工作人员的工资薪金、社会保险费、住房公积金、劳务费等人工费用。

3. 职工困难补助，或者企业统筹建立和管理的专门用于帮助、救济困难职工的基金支出

4. 离退休人员统筹外费用

包括离休人员的医疗费及离退休人员其他统筹外费用。企业重组涉及的离退休人员统筹外费用，按照《财政部关于企业重组有关职工安置费用财务管理问题的通知》（财企〔2009〕117号）执行。

5. 按规定发生的其他职工福利费

包括丧葬补助费、抚恤费、职工异地安家费、独生子女费、探亲假路费，以及符合企业职工福利费定义的其他支出。

此外，企业为职工提供的交通、住房、通信待遇，已经实行货币化改革的，按月按标准发放或支付的住房补贴、交通补贴或者车改补贴、通信补贴，应当纳入职工工资总额，不再纳入职工福利费管理；尚未实行货币

化改革的，企业发生的相关支出作为职工福利费管理，但根据国家有关企业住房制度改革政策的统一规定，不得再为职工购建住房。

企业给职工发放的节日补助、未统一供餐而按月发放的午餐费补贴，应当纳入工资总额管理。

【法条指引】

住房公积金管理条例（节录）

第十五条 单位录用职工的，应当自录用之日起 30 日内到住房公积金管理中心办理缴存登记，并办理职工住房公积金账户的设立或者转移手续。

单位与职工终止劳动关系的，单位应当自劳动关系终止之日起 30 日内向住房公积金管理中心办理变更登记，并办理职工住房公积金账户转移或者封存手续。

第十六条 职工住房公积金的月缴存额为职工本人上一年度月平均工资乘以职工住房公积金缴存比例。

单位为职工缴存的住房公积金的月缴存额为职工本人上一年度月平均工资乘以单位住房公积金缴存比例。

第十七条 新参加工作的职工从参加工作的第二个月开始缴存住房公积金，月缴存额为职工本人当月工资乘以职工住房公积金缴存比例。

单位新调入的职工从调入单位发放工资之日起缴存住房公积金，月缴存额为职工本人当月工资乘以职工住房公积金缴存比例。

第十八条 职工和单位住房公积金的缴存比例均不得低于职工上一年度月平均工资的 5%；有条件的城市，可以适当提高缴存比例。具体缴存比例由住房公积金管理委员会拟订，经本级人民政府审核后，报省、自治区、直辖市人民政府批准。

第十九条 职工个人缴存的住房公积金，由所在单位每月从其工资中代扣代缴。

单位应当于每月发放职工工资之日起 5 日内将单位缴存的和为职工代缴的住房公积金汇缴到住房公积金专户内，由受委托银行计入职工住房公积金账户。

第十章

劳动争议处理

第一节 劳动争议处理概述

【规则要点】

用人单位与劳动者发生劳动争议，当事人可以依法申请调解、仲裁、提起诉讼，也可以协商解决。调解原则适用于仲裁和诉讼程序。

【理解与适用】

劳动争议是指劳动关系双方当事人之间因劳动权利义务关系所发生的争议。劳动关系双方当事人即一方为用人单位，另一方为劳动者。

一、劳动争议处理的基本程序

发生劳动争议，当事人不愿协商、协商不成或者达成和解协议后不履行的，可以向调解组织申请调解；不愿调解、调解不成或者达成调解协议后不履行的，可以向劳动争议仲裁委员会申请仲裁；对仲裁裁决不服的，除法律另有规定的外，可以向人民法院提起诉讼。可见，中国确定了四种处理劳动争议的方式，包括协商、调解、仲裁和诉讼。

（一）协商

协商是指发生劳动争议的当事人在没有第三人的参与下，平等协商达成和解的方式。是否进行协商取决于当事人的意愿，不是劳动争议处理的必经程序。

(二) 调解

调解是指通过第三人的劝导，促成争议双方和解的方式。是否进行调解取决于当事人的申请，也不是劳动争议处理的必经程序。

(三) 仲裁

劳动争议的仲裁是指由依法设立的劳动争议仲裁委员会按照法定程序对劳动争议进行的仲裁活动。劳动仲裁是劳动争议处理的必经程序，未经仲裁程序不能进入诉讼程序。劳动争议与仲裁的关系一般被称为"仲裁前置"或"先裁后审"。

(四) 诉讼

诉讼是人民法院通过审判程序审理劳动争议的活动。诉讼是处理劳动争议的最后程序。如通过诉讼方式解决劳动争议，必须先经过仲裁程序。

二、劳动争议的受案范围

根据《中华人民共和国劳动争议调解仲裁法》的规定，劳动争议的受案范围有以下几种情形：

(一) 因确认劳动关系发生的争议

由于劳动争议双方主体地位的不平等，劳动者较用人单位一方往往处于弱势地位。法律对劳动者给予了倾斜性保护，要求用人单位对劳动者承担相应的雇主责任。实务中，一些用人单位为规避雇主责任，否认劳动关系的存在。故法律为维护劳动者的权益，将确认劳动关系作为劳动争议的受案范围。

(二) 因订立、履行、变更、解除和终止劳动合同发生的争议

在劳动合同的订立、履行、变更、解除和终止过程中所发生的有关争议，包括劳动者与用人单位解除劳动合同后，对于劳动合同保证金、抵押金等财产产生的争议，或者在终止劳动合同后，关于劳动者人事档案、社会保险关系等转移手续产生的争议。

(三) 因除名、辞退和辞职、离职发生的争议

除名是用人单位对无理由经常旷工，经批评教育无效，且旷工时间超过法定期限的职工所采取的强制解除劳动关系的措施。辞退是用人单位因故解除与职工劳动关系的措施。包括违纪辞退与正常辞退。辞职是职工因故终止与用人单位劳动关系的一种行为。离职是指职工未办理任何手续，擅自离职强行解除与用人单位劳动关系的行为。由于上述原因发生的人事

关系纠纷以及相关劳动争议属于劳动争议的受案范围。

（四）因工作时间、休息休假、社会保险、福利、培训以及劳动保护发生的争议

中国法律规定法定的工作时间，劳动者依法享有休息休假、培训、受到劳动保护等权利。并且，用人单位应为劳动者办理社会保险手续。需要指出的是，劳动者因享受社会保险待遇与社会保险经办机构之间的争议不属于劳动争议。对于用人单位已经办理了社保手续，但因用人单位欠缴、拒缴社会保险费等争议，应由社保管理部门解决处理，不属于劳动争议范围。但用人单位未为劳动者办理社会保险手续，且社会保险经办机构不能补办导致其无法享受社会保险待遇的，则属于劳动争议范围。

（五）因劳动报酬、工伤医疗费、经济补偿或者赔偿金等发生的争议

劳动报酬包括职工标准工资、有规定标准的各种奖金、津贴和补助。在发生工伤时，依据工伤保险制度的有关规定，用人单位承担其相应的责任。以及在劳动合同履行过程中，产生的经济补偿、赔偿金等争议。

（六）不属于劳动争议的范围

根据《最高人民法院关于审理劳动争议案件适用法律若干问题的解释（二）》及《最高人民法院关于审理劳动争议案件适用法律若干问题的解释（三）》的规定，下列情形不属于劳动争议：

1. 劳动者请求社会保险经办机构发放社会保险金的纠纷；

2. 劳动者与用人单位因住房制度改革产生的公有住房转让纠纷；

3. 劳动者对劳动能力鉴定委员会的伤残等级鉴定结论或者对职业病诊断鉴定委员会的职业病诊断鉴定结论的异议纠纷；

4. 家庭或者个人与家政服务人员之间的纠纷；

5. 个体工匠与帮工、学徒之间的纠纷；

6. 农村承包经营户与受雇人之间的纠纷；

7. 用人单位与其招用的已经依法享受养老保险待遇或领取退休金人员发生的用工争议。

三、涉外劳动争议

涉外劳动争议是指至少有一方当事人是非本国国籍的用人单位和劳动者之间发生的争议。具体包括中国用人单位与境外劳动者之前、境外用人

单位与中国劳动者之间的争议。按照国际惯例，涉外劳动争议适用雇主所在地法。因此，凡是与中国用人单位发生劳动争议的，均适用中国的劳动法律法规。

【法条指引】

中华人民共和国劳动法（节录）

第七十七条　用人单位与劳动者发生劳动争议，当事人可以依法申请调解、仲裁、提起诉讼，也可以协商解决。

调解原则适用于仲裁和诉讼程序。

第七十八条　解决劳动争议，应当根据合法、公正、及时处理的原则，依法维护劳动争议当事人的合法权益。

第七十九条　劳动争议发生后，当事人可以向本单位劳动争议调解委员会申请调解；调解不成，当事人一方要求仲裁的，可以向劳动争议仲裁委员会申请仲裁。当事人一方也可以直接向劳动争议仲裁委员会申请仲裁。对仲裁裁决不服的，可以向人民法院提起诉讼。

中华人民共和国劳动争议调解仲裁法（节录）

第四条　发生劳动争议，劳动者可以与用人单位协商，也可以请工会或者第三方共同与用人单位协商，达成和解协议。

第五条　发生劳动争议，当事人不愿协商、协商不成或者达成和解协议后不履行的，可以向调解组织申请调解；不愿调解、调解不成或者达成调解协议后不履行的，可以向劳动争议仲裁委员会申请仲裁；对仲裁裁决不服的，除本法另有规定的外，可以向人民法院提起诉讼。

第二节　劳动争议的调解

【规则要点】

在用人单位内，可以设立劳动争议调解委员会。劳动争议调解委员会由职工代表、用人单位代表和工会代表组成。劳动争议调解委员会主任由工会代表担任。劳动争议经调解达成协议的，当事人应当履行。

【理解与适用】

一、劳动争议调解组织和调解员

（一）调解组织

发生劳动争议，当事人可以到下列调解组织申请调解：

1. 企业劳动争议调解委员会；
2. 依法设立的基层人民调解组织；
3. 在乡镇、街道设立的具有劳动争议调解职能的组织。

企业劳动争议调解委员会是在企业内部设立，负责调解本单位劳动争议的组织。企业劳动争议调解委员会由职工代表和企业代表组成。职工代表由工会成员担任或者由全体职工推举产生，企业代表由企业负责人指定。企业劳动争议调解委员会主任由工会成员或者双方推举的人员担任。

基层人民调解组织是指依据《人民调解委员会组织条例》设立的，为村民委员会和居民委员会下设的调解民间纠纷的群众性组织，在基层人民政府和基层人民法院指导下进行工作。乡镇、街道设立的具有劳动争议调解职能的组织为区域性调解组织。

（二）调解员

劳动争议调解组织的调解员应当由公道正派、联系群众、热心调解工作，并具有一定法律知识、政策水平和文化水平的成年公民担任。

二、调解程序

（一）调解申请与受理

1. 申请

当事人申请劳动争议调解可以书面申请，也可以口头申请。口头申请的，调解组织应当当场记录申请人基本情况、申请调解的争议事项、理由和时间。

发生劳动争议，当事人没有提出调解申请，调解委员会可以在征得双方当事人同意后主动调解。

2. 受理

调解委员会受理劳动争议案件包括以下三个过程：

（1）调解委员会在收到当事人申请后，要审查争议事项是否属于劳动争议受理案件范围以及申请人是否适格。

（2）通知并询问对方当事人是否愿意接受调解，对方当事人不愿意调解的，做好记录后，书面通知申请人。

（3）双方当事人愿意调解的，调解委员会应在3个工作日内决定是否受理，决定受理的，应通知当事人调解时间、地点等；经审查决定不予受理，应向申请人说明理由并告知其他解决争议的途径。

（二）调查与调解

调解委员会决定受理后，应当对争议事项进行调查，调查内容包括：争议所涉及的有关人员、部门等相关情况的了解。在调解劳动争议的过程中，应当充分听取双方当事人对事实和理由的陈述，耐心疏导，帮助其达成协议。

自劳动争议调解组织收到调解申请之日起15日内未达成调解协议的，当事人可以依法申请仲裁。

（三）调解协议

经调解达成协议的，应当制作调解协议书。调解协议书由双方当事人签名或者盖章，经调解员签名并加盖调解组织印章后生效。调解协议书一式3份，双方当事人和调解委员会各执1份。协议书对双方当事人具有约束力，当事人应当履行。

双方当事人可以自调解协议生效之日起15日内共同向仲裁委员会提出仲裁审查申请。仲裁委员会受理后，应当对调解协议进行审查，并根据《劳动人事争议仲裁办案规则》规定，对程序和内容合法有效的调解协议，出具调解书。

（四）申请支付令

因支付拖欠劳动报酬、工伤医疗费、经济补偿或者赔偿金事项达成调解协议，用人单位在协议约定期限内不履行的，劳动者可以持调解协议书依法向人民法院申请支付令。人民法院应当依法发出支付令。

【法条指引】

中华人民共和国劳动争议调解仲裁法（节录）

第十条　发生劳动争议，当事人可以到下列调解组织申请调解：

（一）企业劳动争议调解委员会；

（二）依法设立的基层人民调解组织；

（三）在乡镇、街道设立的具有劳动争议调解职能的组织。

企业劳动争议调解委员会由职工代表和企业代表组成。职工代表由工会成员担任或者由全体职工推举产生，企业代表由企业负责人指定。企业劳动争议调解委员会主任由工会成员或者双方推举的人员担任。

第十一条　劳动争议调解组织的调解员应当由公道正派、联系群众、热心调解工作，并具有一定法律知识、政策水平和文化水平的成年公民担任。

第十二条　当事人申请劳动争议调解可以书面申请，也可以口头申请。口头申请的，调解组织应当当场记录申请人基本情况、申请调解的争议事项、理由和时间。

第十三条　调解劳动争议，应当充分听取双方当事人对事实和理由的陈述，耐心疏导，帮助其达成协议。

第十四条　经调解达成协议的，应当制作调解协议书。

调解协议书由双方当事人签名或者盖章，经调解员签名并加盖调解组织印章后生效，对双方当事人具有约束力，当事人应当履行。

自劳动争议调解组织收到调解申请之日起十五日内未达成调解协议的，当事人可以依法申请仲裁。

第十五条　达成调解协议后，一方当事人在协议约定期限内不履行调解协议的，另一方当事人可以依法申请仲裁。

第十六条　因支付拖欠劳动报酬、工伤医疗费、经济补偿或者赔偿金事项达成调解协议，用人单位在协议约定期限内不履行的，劳动者可以持调解协议书依法向人民法院申请支付令。人民法院应当依法发出支付令。

第三节 劳动争议的仲裁

【规则要点】

发生劳动争议，提出仲裁要求的一方应当自劳动争议发生之日起 60 日内向劳动争议仲裁委员会提出书面申请。仲裁裁决一般应在收到仲裁申请的 60 日内作出。对仲裁裁决无异议的，当事人必须履行。

【理解与适用】

一、劳动争议仲裁机构及其组成

（一）劳动争议仲裁机构

在中国，劳动争议仲裁机构是劳动争议仲裁委员会，其按照统筹规划、合理布局和适应实际需要的原则设立。省、自治区人民政府可以决定在市、县设立；直辖市人民政府可以决定在区、县设立。直辖市、设区的市也可以设立一个或者若干个劳动争议仲裁委员会。劳动争议仲裁委员会不按行政区划层层设立。

劳动争议仲裁委员会由劳动行政部门代表、工会代表和企业方面代表组成。劳动争议仲裁委员会组成人员应当是单数。仲裁委员会设主任一名，副主任和委员若干名。仲裁委员会主任由政府负责人或者人力资源社会保障行政部门主要负责人担任。仲裁委员会处理劳动争议，实行仲裁庭、仲裁员办案制度。

（二）劳动争议仲裁庭和仲裁员

1. 劳动争议仲裁庭

仲裁委员会处理争议案件实行仲裁庭制度，实行一案一庭制。仲裁委员会可以根据案件处理实际需要设立派驻仲裁庭、巡回仲裁庭、流动仲裁庭，就近就地处理争议案件。

仲裁庭处理下列争议案件应当由 3 名仲裁员组成仲裁庭，设首席仲裁员，仲裁庭组成不符合规定的，仲裁委员会应当予以撤销并重新组庭：

（1）10人以上并有共同请求的争议案件；

（2）履行集体合同发生的争议案件；

（3）有重大影响或者疑难复杂的争议案件；

（4）仲裁委员会认为应当由3名仲裁员组庭处理的其他争议案件。

简单争议案件可以由1名仲裁员独任仲裁。

记录人员负责案件庭审记录等相关工作，记录人员不得由本庭仲裁员兼任。

2. 劳动争议仲裁员

仲裁员是由仲裁委员会聘任、依法调解和仲裁争议案件的专业工作人员。仲裁员分为专职仲裁员和兼职仲裁员。专职仲裁员和兼职仲裁员在调解仲裁活动中享有同等权利，履行同等义务。兼职仲裁员进行仲裁活动，所在单位应当予以支持。

仲裁委员会应当依法聘任一定数量的专职仲裁员，也可以根据办案工作需要，依法从干部主管部门、人力资源社会保障行政部门、军队文职人员工作管理部门、工会、企业组织等相关机构的人员以及专家学者、律师中聘任兼职仲裁员。

劳动争议仲裁委员会应当设仲裁员名册。

仲裁员应当公道正派并符合下列条件之一：

（1）曾任审判员的；

（2）从事法律研究、教学工作并具有中级以上职称的；

（3）具有法律知识、从事人力资源管理或者工会等专业工作满5年的；

（4）律师执业满3年的。

仲裁员聘期一般为5年。仲裁委员会负责仲裁员考核，考核结果作为解聘和续聘仲裁员的依据。

仲裁员有下列情形之一的，仲裁委员会应当予以解聘：

（1）聘期届满不再续聘的；

（2）在聘期内因工作岗位变动或者其他原因不再履行仲裁员职责的；

（3）年度考核不合格的；

（4）因违纪、违法犯罪不能继续履行仲裁员职责的；

（5）其他应当解聘的情形。

二、劳动争议仲裁的管辖

(一) 劳动争议仲裁的管辖地

劳动争议仲裁委员会负责管辖本区域内发生的劳动争议。

劳动争议由劳动合同履行地或者用人单位所在地的劳动争议仲裁委员会管辖。双方当事人分别向劳动合同履行地和用人单位所在地的劳动争议仲裁委员会申请仲裁的，由劳动合同履行地的劳动争议仲裁委员会管辖。有多个劳动合同履行地的，由最先受理的仲裁委员会管辖。劳动合同履行地不明确的，由用人单位所在地的仲裁委员会管辖。

劳动合同履行地为劳动者实际工作场所地，用人单位所在地为用人单位注册、登记地或者主要办事机构所在地。用人单位未经注册、登记的，其出资人、开办单位或者主管部门所在地为用人单位所在地。

案件受理后，劳动合同履行地或者用人单位所在地发生变化的，不改变争议仲裁的管辖。

(二) 劳动争议仲裁的移送与异议

仲裁委员会发现已受理案件不属于其管辖范围的，应当移送至有管辖权的仲裁委员会，并书面通知当事人。

对移送案件，受移送的仲裁委员会应当依法受理。受移送的仲裁委员会认为移送的案件按照规定不属于其管辖，或者仲裁委员会之间因管辖争议协商不成的，应当报请共同的上一级仲裁委员会主管部门指定管辖。

当事人提出管辖异议的，应当在答辩期满前书面提出。仲裁委员会应当审查当事人提出的管辖异议，异议成立的，将案件移送至有管辖权的仲裁委员会并书面通知当事人；异议不成立的，应当书面决定驳回。当事人逾期提出的，不影响仲裁程序的进行。

三、劳动争议仲裁案件的当事人

(一) 仲裁案件当事人

发生劳动争议的劳动者和用人单位为劳动争议仲裁案件的双方当事人。

劳务派遣单位或者用工单位与劳动者发生劳动争议的，劳务派遣单位和用工单位为共同当事人。

发生争议的用人单位未办理营业执照、被吊销营业执照、营业执照到期继续经营、被责令关闭、被撤销以及用人单位解散、歇业,不能承担相关责任的,应当将用人单位和其出资人、开办单位或者主管部门作为共同当事人。

劳动者与个人承包经营者发生争议,应当将发包的组织和个人承包经营者作为共同当事人。

(二) 仲裁案件第三人

与劳动争议案件的处理结果有利害关系的第三人,可以申请参加仲裁活动或者由劳动争议仲裁委员会通知其参加仲裁活动。

(三) 代理人

劳动争议调解仲裁法规定,中国仲裁代理人主要包括以下情形:

1. 委托代理

当事人可以委托代理人参加仲裁活动。委托他人参加仲裁活动,应当向劳动争议仲裁委员会提交由委托人签名或者盖章的委托书,委托书应当载明委托事项和权限。

2. 法定代理和指定代理

丧失或者部分丧失民事行为能力的劳动者,由其法定代理人代为参加仲裁活动;无法定代理人的,由劳动争议仲裁委员会为其指定代理人。劳动者死亡的,由其近亲属或者代理人参加仲裁活动。

四、劳动争议仲裁程序

(一) 仲裁申请与受理

1. 当事人申请

(1) 当事人申请的时效制度

时效制度是指当事人在法定期间内不向劳动争议仲裁委员会申请仲裁,则丧失请求仲裁委员会强制义务人履行义务的权利。劳动争议调解仲裁法规定,劳动争议申请仲裁的时效期间为1年。仲裁时效期间从当事人知道或者应当知道其权利被侵害之日起计算。

在申请仲裁的时效期间内,有下列情形之一的,仲裁时效中断:

① 一方当事人通过协商、申请调解等方式向对方当事人主张权利的;

② 一方当事人通过向有关部门投诉,向仲裁委员会申请仲裁,向人民法院起诉或者申请支付令等方式请求权利救济的;

③ 对方当事人同意履行义务的。

从中断时起，仲裁时效期间重新计算。

因不可抗力，或者有无民事行为能力或者限制民事行为能力劳动者的法定代理人未确定等其他正当理由，当事人不能在规定的仲裁时效期间申请仲裁的，仲裁时效中止。从中止时效的原因消除之日起，仲裁时效期间继续计算。

（2）当事人申请材料

当事人申请是仲裁委员会处理劳动争议的先决条件，也是必经程序。申请人申请仲裁应当提交书面仲裁申请，并按照被申请人人数提交副本。

仲裁申请书应当载明下列事项：

① 劳动者的姓名、性别、出生日期、身份证件号码、住所、通讯地址和联系电话，用人单位的名称、住所、通讯地址、联系电话和法定代表人或者主要负责人的姓名、职务；

② 仲裁请求和所根据的事实、理由；

③ 证据和证据来源，证人姓名和住所。

书写仲裁申请确有困难的，可以口头申请，由仲裁委员会记入笔录，经申请人签名、盖章或者捺印确认。

对于仲裁申请书不规范或者材料不齐备的，仲裁委员会应当当场或者在5日内一次性告知申请人需要补正的全部材料。仲裁委员会收取当事人提交的材料应当出具收件回执。

2. 仲裁委员会受理

仲裁委员会对符合下列条件的仲裁申请应当予以受理，并在收到仲裁申请之日起5日内向申请人出具受理通知书：

（1）属于劳动争议范围；

（2）有明确的仲裁请求和事实理由；

（3）申请人是与本案有直接利害关系的自然人、法人或者其他组织，有明确的被申请人；

（4）属于本仲裁委员会管辖范围。

劳动争议仲裁委员会收到仲裁申请之日起5日内，认为符合受理条件的，应当受理，并通知申请人；认为不符合受理条件的，应当书面通知申请人不予受理，并说明理由。对仲裁委员会逾期未作出决定或者决定不予受理的，申请人可以就该争议事项向人民法院提起诉讼。

仲裁委员会受理仲裁申请后，应当在 5 日内将仲裁申请书副本送达被申请人。被申请人收到仲裁申请书副本后，应当在 10 日内向仲裁委员会提交答辩书。仲裁委员会收到答辩书后，应当在 5 日内将答辩书副本送达申请人。被申请人逾期未提交答辩书的，不影响仲裁程序的进行。

（二）审理与裁决

1. 仲裁庭的组成

劳动争议仲裁委员会裁决劳动争议案件实行仲裁庭制。仲裁庭由 3 名仲裁员组成，设首席仲裁员。简单劳动争议案件可以由一名仲裁员独任仲裁。

劳动争议仲裁委员会应当在受理仲裁申请之日起 5 日内将仲裁庭的组成情况书面通知当事人。

仲裁员有下列情形之一，应当回避，当事人也有权以口头或者书面方式提出回避申请：

（1）是本案当事人或者当事人、代理人的近亲属的；

（2）与本案有利害关系的；

（3）与本案当事人、代理人有其他关系，可能影响公正裁决的；

（4）私自会见当事人、代理人，或者接受当事人、代理人的请客送礼的。

劳动争议仲裁委员会对回避申请应当及时作出决定，并以口头或者书面方式通知当事人。

2. 开庭通知

仲裁庭应当在开庭 5 日前，将开庭日期、地点书面通知双方当事人。当事人有正当理由的，可以在开庭 3 日前请求延期开庭。是否延期，由劳动争议仲裁委员会决定。

3. 开庭审理

申请人收到书面通知，无正当理由拒不到庭或者未经仲裁庭同意中途退庭的，可以视为撤回仲裁申请。被申请人收到书面通知，无正当理由拒不到庭或者未经仲裁庭同意中途退庭的，可以缺席裁决。

当事人申请劳动争议仲裁后，可以自行和解。达成和解协议的，可以撤回仲裁申请。

4. 鉴定

仲裁庭对专门性问题认为需要鉴定的，可以交由当事人约定的鉴定机构鉴定；当事人没有约定或者无法达成约定的，由仲裁庭指定的鉴定机构鉴定。

根据当事人的请求或者仲裁庭的要求，鉴定机构应当派鉴定人参加开庭。当事人经仲裁庭许可，可以向鉴定人提问。

5. 质证和辩论

当事人在仲裁过程中有权进行质证和辩论。质证和辩论终结时，首席仲裁员或者独任仲裁员应当征询当事人的最后意见。

当事人提供的证据经查证属实的，仲裁庭应当将其作为认定事实的根据。

劳动者无法提供由用人单位掌握管理的与仲裁请求有关的证据，仲裁庭可以要求用人单位在指定期限内提供。用人单位在指定期限内不提供的，应当承担不利后果。

6. 调解

仲裁庭在作出裁决前，应当先行调解。调解达成协议的，仲裁庭应当制作调解书。调解书应当写明仲裁请求和当事人协议的结果。调解书由仲裁员签名，加盖劳动争议仲裁委员会印章，送达双方当事人。调解书经双方当事人签收后，发生法律效力。调解不成或者调解书送达前，一方当事人反悔的，仲裁庭应当及时作出裁决。

7. 裁决

仲裁庭裁决劳动争议案件，应当自劳动争议仲裁委员会受理仲裁申请之日起45日内结束。案情复杂需要延期的，经劳动争议仲裁委员会主任批准，可以延期并书面通知当事人，但是延长期限不得超过15日。逾期未作出仲裁裁决的，当事人可以就该劳动争议事项向人民法院提起诉讼。

仲裁庭裁决劳动争议案件时，其中一部分事实已经清楚，可以就该部分先行裁决。裁决应当按照多数仲裁员的意见作出，少数仲裁员的不同意见应当记入笔录。仲裁庭不能形成多数意见时，裁决应当按照首席仲裁员的意见作出。

裁决书应当载明仲裁请求、争议事实、裁决理由、裁决结果和裁决日期。裁决书由仲裁员签名，加盖劳动争议仲裁委员会印章。对裁决持不同意见的仲裁员，可以签名，也可以不签名。

下列劳动争议，仲裁裁决为终局裁决，裁决书自作出之日起发生法律效力：

（1）追索劳动报酬、工伤医疗费、经济补偿或者赔偿金，不超过当地月最低工资标准12个月金额的争议。

（2）因执行国家的劳动标准在工作时间、休息休假、社会保险等方面发生的争议。

8. 仲裁裁决的撤销

对于仲裁裁决为终局裁决的，用人单位有证据证明仲裁裁决有下列情形之一，可以自收到仲裁裁决书之日起30日内向劳动争议仲裁委员会所在地的中级人民法院申请撤销裁决：

（1）适用法律、法规确有错误的；

（2）劳动争议仲裁委员会无管辖权的；

（3）违反法定程序的；

（4）裁决所根据的证据是伪造的；

（5）对方当事人隐瞒了足以影响公正裁决的证据的；

（6）仲裁员在仲裁该案时有索贿受贿、徇私舞弊、枉法裁决行为的。

人民法院经组成合议庭审查核实裁决上述情形之一的，应当裁定撤销。仲裁裁决被人民法院裁定撤销的，当事人可以自收到裁定书之日起15日内就该劳动争议事项向人民法院提起诉讼。

（三）执行

1. 先予执行

仲裁庭对追索劳动报酬、工伤医疗费、经济补偿或者赔偿金的案件，根据当事人的申请，可以裁决先予执行，移送人民法院执行。

仲裁庭裁决先予执行的，应当符合下列条件：

（1）当事人之间权利义务关系明确；

（2）不先予执行将严重影响申请人的生活。

劳动者申请先予执行的，可以不提供担保。

2. 执行

劳动争议当事人在收到仲裁裁决书之日起15日内不向法院提起诉讼，

裁决书发生效力；仲裁调解书一经送达当事人，即产生法律效力。生效的仲裁裁决书与调解书同人民法院的裁判具有同等法律效力。当事人不履行或者不完全履行仲裁裁决书或调解书，另一方当事人可以向人民法院申请强制执行。

【风险提示】

劳动争议由劳动合同履行地或者用人单位所在地的劳动争议仲裁委员会管辖。双方当事人分别向劳动合同履行地和用人单位所在地的劳动争议仲裁委员会申请仲裁的，由劳动合同履行地的劳动争议仲裁委员会管辖。有多个劳动合同履行地的，由最先受理的仲裁委员会管辖。劳动合同履行地不明确的，由用人单位所在地的仲裁委员会管辖。

【法条指引】

中华人民共和国劳动争议调解仲裁法（节录）

第二十二条　发生劳动争议的劳动者和用人单位为劳动争议仲裁案件的双方当事人。

劳务派遣单位或者用工单位与劳动者发生劳动争议的，劳务派遣单位和用工单位为共同当事人。

第二十三条　与劳动争议案件的处理结果有利害关系的第三人，可以申请参加仲裁活动或者由劳动争议仲裁委员会通知其参加仲裁活动。

第四十一条　当事人申请劳动争议仲裁后，可以自行和解。达成和解协议的，可以撤回仲裁申请。

第四十二条　仲裁庭在作出裁决前，应当先行调解。

调解达成协议的，仲裁庭应当制作调解书。

调解书应当写明仲裁请求和当事人协议的结果。调解书由仲裁员签名，加盖劳动争议仲裁委员会印章，送达双方当事人。调解书经双方当事人签收后，发生法律效力。

调解不成或者调解书送达前，一方当事人反悔的，仲裁庭应当及时作出裁决。

第四节 劳动争议的诉讼

【规则要点】

劳动者对劳动争议仲裁委员会作出的仲裁裁决不服的，可以自收到仲裁裁决书之日起 15 日内向人民法院提起诉讼。

一、劳动争议诉讼管辖

（一）地域管辖

人民法院受理劳动争议案件的地域管辖一般由处理该案的劳动争议仲裁委员会所在地的人民法院管辖。劳动争议当事人不服仲裁裁决的，只能向仲裁委员会所在地的人民法院提起诉讼，其他法院无权管辖。

（二）级别管辖

中国目前尚不存在有关劳动争议案件诉讼级别管辖的具体规定。审判实践中，一些法院依据民事诉讼法规定实行级别管辖，具体内容为：当事人不服县、区劳动争议仲裁委员会的仲裁裁决，向人民法院起诉的，由该仲裁委员会所在地的县、区人民法院管辖；当事人不服市劳动争议仲裁委员会仲裁裁决，向人民法院起诉的，由该仲裁委员会所在地的市中级人民法院管辖。

二、劳动争议案件的受理条件

人民法院受理劳动争议案件的条件是：

1. 劳动关系当事人之间的劳动争议经过劳动争议仲裁委员会仲裁。当事人一方或双方向人民法院起诉时，须持有劳动争议仲裁委员会仲裁裁决书；

2. 当事人提起诉讼须在收到仲裁裁决书之日起 15 日内向人民法院起诉，超过 15 日的，人民法院不予受理；

3. 当事人起诉的案件在受诉人民法院管辖范围内。

当事人向人民法院起诉必须同时满足上述三个条件，劳动争议诉讼是劳动争议处理的最后程序。人民法院审理劳动争议案件，依据民事诉讼法，实行两审终审制。

【风险提示】

对于追索劳动报酬、工伤医疗费、经济补偿或者赔偿金，不超过当地月最低工资标准12个月金额的争议，以及因执行国家的劳动标准在工作时间、休息休假、社会保险等方面发生的争议，仲裁裁决为终局裁决，裁决书自作出之日起发生法律效力。劳动者对上述争议的仲裁裁决不服的，可以自收到仲裁裁决书之日起15日内向人民法院提起诉讼。

【相关案例】

南京高官休闲用品有限公司与陈某某申请撤销仲裁裁决案

陈某某在仲裁阶段申诉称：其与南京高官休闲用品有限公司的劳动关系已于2013年4月10日协商解除，但南京高官休闲用品有限公司未及时履行解除劳动关系后的附随义务，未在法定期限内出具解除或终止劳动合同的证明，未及时转移其档案及社会保险关系，致使其未能享受失业保险待遇。虽南京高官休闲用品有限公司于2013年8月底出具了解除劳动合同的证明，但其2013年5月至8月期间的失业保险金损失应由南京高官休闲用品有限公司依法赔偿。2013年11月4日，南京市浦口区劳动人事争议仲裁委员会作出宁浦劳人仲案（2013）第1083号终局仲裁裁决：自裁决生效之日起7日内，南京高官休闲用品公司一次性给付陈某某失业保险金损失2415元。

上述仲裁裁决送达后，南京高官休闲用品有限公司不服该裁决，向南京市中级人民法院提出申请，请求法院撤销南京市浦口区劳动人事争议仲裁委员会作出的宁浦劳人仲案（2013）第1083号仲裁裁决。

南京市中级人民法院经审查认为，劳动争议调解仲裁法第49条第1款第1项、第2项和第2款规定：用人单位有证据证明本法第47条规定的仲裁裁决适用法律、法规确有错误；劳动争议仲裁委员会无管辖权的。可以自收到仲裁裁决书之日起30日内向劳动争议仲裁委员会所在地的中级人民法院申请撤销裁决。人民法院经组成合议庭审查核实裁决有前款规定情形之一的，应当裁定撤销。本案中，因双方于 2013 年 4 月 10 日以协商一致的方式解除劳动关系。按照规定，在双方解除劳动关系的 2013 年 4 月 10 日后 7 日内，南京高官休闲用品有限公司应将终止或者解除劳动关系人员的名单、终止或解除劳动关系证明、参加社会保险及缴费情况证明等有关材料，报经办机构备案。在备案后，南京高官休闲用品有限公司应携失业人员档案等有关材料，于终止或解除劳动关系之日起 30 日内，到经办机构办理档案转移和失业保险待遇审核手续，并及时向失业人员出具终止或者解除劳动关系证明，书面告知其按规定享受失业保险待遇的权利。但南京高官休闲用品有限公司于 2013 年 8 月底才出具了与陈某某等 32 名劳动者终止或解除劳动合同的证明，于 2013 年 9 月 5 日至经办机构为劳动者办理档案转移和失业保险待遇审核手续，明显超过规定的期限，故南京高官休闲用品公司应当承担陈某某相应的失业保险金损失。南京市浦口区劳动人事争议仲裁委员会以双方于 2013 年 4 月 10 日解除劳动关系，南京高官休闲用品公司于 2013 年 8 月底延迟履行出具解除劳动关系的证明，而导致陈某某不能享受相应期间的失业保险待遇为由，依据劳动合同法第 50 条第 1 款、第 89 条以及劳动争议调解仲裁法第 3 条、第 6 条、第 47 条第 2 项之规定，作出的宁浦劳人仲案（2013）第 1083 号终局裁决不符合劳动争议调解仲裁法第 49 条第 1 款第 1 项、第 2 项关于应当撤销的情形。

关于本案仲裁裁决是否适用终局裁决的问题。劳动争议调解仲裁法第 47 条第 2 项规定：因执行国家的劳动标准在工作时间、休息休假、社会保险等方面发生的争议，仲裁裁决为终局裁决。本案中，陈某某所申请的事项为失业保险待遇损失，属于社会保险争议，仲裁委员会作出的仲裁裁决为终局裁决，符合法律规定，故法院对南京高官休闲用品有限公司认为本案不属于终局裁决的主张不予支持。关于本案仲裁裁决是否属于仲裁委员会无管辖权的问题。劳动争议调解仲裁法第 21 条规定：劳动争议仲裁委员会负责管辖本区域内发生的劳动争议。劳动争议由劳动合同履行地或者用人单位所在地的劳动争议仲裁委员会管辖。双方当事人分别向劳动合同履行地和用人单位所在地的劳动争议仲裁委员会申请仲裁的，由劳动合同履行地的劳动争议仲裁委员会管辖。本案中，劳动合同的履行地、用人单位的所在地均为南京市浦口区，且劳动者向劳动合同的履行地、用人单位的所在地南京市浦口区劳动人事争议仲裁委员会申请仲裁，由该仲裁委员会受理并作出裁决符合法律规定。另外，因劳动者向南京高官休闲用品有限公司主张失业保险金的损失，并未向行政机构或经办机构主张相应权益，故劳动者申请劳动仲裁，并由劳动争议仲裁委员会作出裁决亦符合法律规定。故法院对南京高官休闲用品有限公司关于仲裁委员会无管辖权的主张亦不予采纳。裁定驳回南京高官休闲用品有限公司申请撤销南京市浦口区劳动人事争议仲裁委员会宁浦劳人仲案（2013）第1083号仲裁裁决的申请。

【法条指引】

中华人民共和国劳动争议调解仲裁法（节录）

第四十七条　下列劳动争议，除本法另有规定的外，仲裁裁决为终局裁决，裁决书自作出之日起发生法律效力：

（一）追索劳动报酬、工伤医疗费、经济补偿或者赔偿金，不超过当地月最低工资标准十二个月金额的争议；

（二）因执行国家的劳动标准在工作时间、休息休假、社会保险等方面发生的争议。

第四十八条　劳动者对本法第四十七条规定的仲裁裁决不服的，可以自收到仲裁裁决书之日起十五日内向人民法院提起诉讼。

第四十九条　用人单位有证据证明本法第四十七条规定的仲裁裁决有下列情形之一，可以自收到仲裁裁决书之日起三十日内向劳动争议仲裁委员会所在地的中级人民法院申请撤销裁决：

（一）适用法律、法规确有错误的；

（二）劳动争议仲裁委员会无管辖权的；

（三）违反法定程序的；

（四）裁决所根据的证据是伪造的；

（五）对方当事人隐瞒了足以影响公正裁决的证据的；

（六）仲裁员在仲裁该案时有索贿受贿、徇私舞弊、枉法裁决行为的。

人民法院经组成合议庭审查核实裁决有前款规定情形之一的，应当裁定撤销。

仲裁裁决被人民法院裁定撤销的，当事人可以自收到裁定书之日起十五日内就该劳动争议事项向人民法院提起诉讼。

第五十条 当事人对本法第四十七条规定以外的其他劳动争议案件的仲裁裁决不服的,可以自收到仲裁裁决书之日起十五日内向人民法院提起诉讼;期满不起诉的,裁决书发生法律效力。

第五十一条 当事人对发生法律效力的调解书、裁决书,应当依照规定的期限履行。一方当事人逾期不履行的,另一方当事人可以依照民事诉讼法的有关规定向人民法院申请执行。受理申请的人民法院应当依法执行。

第十一章

劳动监察制度

第一节 劳动行政部门的监督检查

【规则要点】

用人单位有接受劳动监督部门的监督检查的法定义务；劳动监督监察部门应当依法进行监督检查。

【理解与适用】

一、劳动监督检查机构

国务院劳动行政部门主管全国的劳动监察工作。县级以上地方各级人民政府劳动行政部门主管本行政区域内的劳动监察工作。

县级、设区的市级人民政府劳动行政部门可以委托符合监察执法条件的组织实施劳动监察。

二、劳动监督检查机构的职权

（一）劳动行政部门的职责

1. 宣传劳动法律、法规和规章，督促用人单位贯彻执行

劳动行政部门定期组织用人单位学习有关法律法规，使用人单位及其职工了解法律的相关规定，严格依照法律工作。

2. 检查用人单位遵守劳动法律、法规和规章的情况

劳动行政部门要不定期地检查用人单位执行法律法规的情况。劳动行

政部门检查人员进行检查时,须出示证件,依法执行公务。

3. 受理对违反劳动法律、法规或者规章的行为的举报、投诉

劳动者可以通过信箱、电话等方式进行举报和投诉,劳动行政部门应及时处理有关举报投诉情况。

4. 依法纠正和查处违反劳动法律、法规或者规章的行为

无论是劳动行政部门在检查时还是由劳动者投诉举报发现的有关违法行为,劳动行政部门都应予以纠正和查处,使违法行为得以改正。

5. 建立用人单位诚信档案

劳动行政部门应当建立用人单位劳动保障守法诚信档案。用人单位有重大违反劳动法律、法规或者规章的行为的,由有关的劳动行政部门向社会公布。

(二)劳动行政部门监察的范围

1. 用人单位制定内部劳动规章制度的情况

用人单位应制定内部劳动规章制度,对违反法律的规章制度,劳动行政部门有权予以警告,并责令改正,对劳动者造成伤害的,用人单位承担相应的赔偿责任。

2. 用人单位与劳动者订立劳动合同的情况

用人单位与劳动者建立劳动关系不依法订立劳动合同的,由劳动行政部门责令改正。

3. 用人单位遵守禁止使用童工规定的情况

除法律另有规定外,中国禁止招用16周岁以下的童工。劳动行政部门对用人单位的职工情况进行检查,若用人单位非法使用童工,有权责令改正,并处以罚款。

4. 用人单位遵守女职工和未成年工特殊劳动保护规定的情况

中国法律对女职工以及未成年工予以特殊劳动保护,用人单位违反有关法律规定的,由劳动行政部门责令改正,按照受侵害的劳动者每人1000元以上5000元以下的标准计算,处以罚款。

5. 用人单位遵守工作时间和休息休假规定的情况

用人单位违反劳动法律、法规或者规章延长劳动者工作时间的,由劳动行政部门给以警告,责令限期改正,并可以按照受侵害的劳动者每人100元以上500元以下的标准计算,处以罚款。

6. 用人单位支付劳动者工资和执行最低工资标准的情况

用人单位有下列行为之一的,由劳动行政部门分别责令限期支付劳动者的工资报酬、劳动者工资低于当地最低工资标准的差额或者解除劳动合同的经济补偿;逾期不支付的,责令用人单位按照应付金额50%以上1倍以下的标准计算,向劳动者加付赔偿金:(1)克扣或者无故拖欠劳动者工资报酬的;(2)支付劳动者的工资低于当地最低工资标准的;(3)解除劳动合同未依法给予劳动者经济补偿的。

7. 用人单位参加各项社会保险和缴纳社会保险费的情况

用人单位向社会保险经办机构申报应缴纳的社会保险费数额时,瞒报工资总额或者职工人数的,由劳动行政部门责令改正,并处瞒报工资数额1倍以上3倍以下的罚款。骗取社会保险待遇或者骗取社会保险基金支出的,由劳动行政部门责令退还,并处骗取金额1倍以上3倍以下的罚款;构成犯罪的,依法追究刑事责任。

8. 职业介绍机构、职业技能培训机构和职业技能考核鉴定机构遵守国家有关职业介绍、职业技能培训和职业技能考核鉴定规定的情况

职业介绍机构、职业技能培训机构或者职业技能考核鉴定机构违反国家有关职业介绍、职业技能培训或者职业技能考核鉴定的规定的,由劳动行政部门责令改正,没收违法所得,并处1万元以上5万元以下的罚款;情节严重的,吊销许可证。未经劳动行政部门许可,从事职业介绍、职业技能培训或者职业技能考核鉴定的组织或者个人,由劳动行政部门、主管行政管理部门依照国家有关无照经营查处取缔的规定查处取缔。

9. 法律、法规规定的其他劳动监察事项

三、劳动监督检查的实施

(一)管辖

1. 地域管辖

对用人单位的劳动保障监察,由用人单位用工所在地的县级或者设区的市级劳动行政部门管辖。上级劳动行政部门根据工作需要,可以调查处理下级劳动行政部门管辖的案件。

2. 指定管辖

劳动行政部门对劳动保障监察管辖发生争议的,可以报请共同的上一

级劳动行政部门指定管辖。

（二）立案

劳动保障监察包括以下三种形式：第一，日常巡视检查；第二，审查用人单位按照要求报送的书面材料；第三，接受举报投诉等。

劳动行政部门认为用人单位有违反劳动保障法律、法规或者规章的行为，需要进行调查处理的，应当及时立案。

对因违反劳动保障法律、法规或者规章的行为引起的群体性事件，劳动行政部门应当根据应急预案，迅速会同有关部门处理。

（三）调查、检查方式

劳动行政部门实施劳动保障监察，有权采取下列调查、检查措施：

1. 进入用人单位的劳动场所进行检查；

2. 就调查、检查事项询问有关人员；

3. 要求用人单位提供与调查、检查事项相关的文件资料，并作出解释和说明，必要时可以发出调查询问书；

4. 采取记录、录音、录像、照相或者复制等方式收集有关情况和资料；

5. 委托会计师事务所对用人单位工资支付、缴纳社会保险费的情况进行审计；

6. 法律、法规规定可以由劳动行政部门采取的其他调查、检查措施。

劳动行政部门对事实清楚、证据确凿、可以当场处理的违反劳动保障法律、法规或者规章的行为有权当场予以纠正。

（四）对监察人员的要求及回避

劳动监察员进行调查、检查，不得少于2人，并应当佩戴劳动保障监察标志、出示劳动保障监察证件。

劳动监察员办理的劳动监察事项与本人或者其近亲属有直接利害关系的，应当回避。

（五）劳动保障监察的期限

劳动行政部门对违反劳动法律、法规或者规章的行为的调查，应当自立案之日起60个工作日内完成；对情况复杂的，经劳动行政部门负责人批准，可以延长30个工作日。

（六）听取及告知义务

劳动行政部门对违反劳动法律、法规或者规章的行为作出行政处罚或者行政处理决定前，应当听取用人单位的陈述、申辩；作出行政处罚或者行政处理决定，应当告知用人单位依法享有申请行政复议或者提起行政诉讼的权利。

（七）案件的处理

劳动行政部门对违反劳动法律、法规或者规章的行为，根据调查、检查的结果，作出以下处理：

1. 对依法应当受到行政处罚的，依法作出行政处罚决定；

2. 对应当改正未改正的，依法责令改正或者作出相应的行政处理决定；

3. 对情节轻微且已改正的，撤销立案。

发现违法案件不属于劳动保障监察事项的，应当及时移送有关部门处理；涉嫌犯罪的，应当依法移送司法机关。

违反劳动法律、法规或者规章的行为在2年内未被劳动行政部门发现，也未被举报、投诉的，劳动行政部门不再查处。上述期限，自违反劳动法律、法规或者规章的行为发生之日起计算；违反劳动法律、法规或者规章的行为有连续或者继续状态的，自行为终止之日起计算。

用人单位违反劳动法律、法规或者规章，对劳动者造成损害的，依法承担赔偿责任。劳动者与用人单位就赔偿发生争议的，依照国家有关劳动争议处理的规定处理。

对应当通过劳动争议处理程序解决的事项或者已经按照劳动争议处理程序申请调解、仲裁或者已经提起诉讼的事项，劳动行政部门应当告知投诉人依照劳动争议处理或者诉讼的程序办理。

【法条指引】

中华人民共和国劳动法（节录）

第八十五条 县级以上各级人民政府劳动行政部门依法对用人单位遵守劳动法律、法规的情况进行监督检查，对违反劳动法律、法规的行为有权制止，并责令改正。

第八十六条 县级以上各级人民政府劳动行政部门监督检查人员执行公务，有权进入用人单位了解执行劳动法律、法规的情况，查阅必要的资料,并对劳动场所进行检查。

县级以上各级人民政府劳动行政部门监督检查人员执行公务,必须出示证件,秉公执法并遵守有关规定。

第二节　其他组织的劳动监督检查

【规则要点】

有关政府部门在其职责范围内,对用人单位遵守劳动法律、法规的情况进行监督检查。工会是劳动者合法权益的维护者,也可对用人单位遵守劳动法律、法规的情况进行监督。

【理解与适用】

一、县级以上人民政府有关部门的监督检查职权

县级以上人民政府建设、卫生、应急管理等有关主管部门在各自职责范围内,对用人单位执行劳动合同制度的情况进行监督管理。例如,卫生行政部门有权要求用人单位如实统计报告劳动卫生状况;国家统计、审计、税收、财政等机关有权监督用人单位依法核定工资总额,建立内部财务会计及统计制度。

二、工会等群众组织的监督检查职权

劳动法规定,各级工会依法维护劳动者的合法权益,对用人单位遵守劳动法律、法规的情况进行监督。任何组织和个人对于违反劳动法律、法规的行为有权检举和控告。

此外,劳动合同法对工会的监督检查权作出了更明确的规定,工会依法维护劳动者的合法权益,对用人单位履行劳动合同、集体合同的情况进行监督。用人单位违反劳动法律、法规和劳动合同、集体合同的,工会有权提出意见或者要求纠正;劳动者申请仲裁、提起诉讼的,工会依法给予支持和帮助。

【法条指引】

中华人民共和国劳动法（节录）

第八十七条　县级以上各级人民政府有关部门在各自职责范围内，对用人单位遵守劳动法律、法规的情况进行监督。

第八十八条　各级工会依法维护劳动者的合法权益，对用人单位遵守劳动法律、法规的情况进行监督。

任何组织和个人对于违反劳动法律、法规的行为有权检举和控告。

第十二章

工 会

　　工会是职工自愿结合的工人阶级的群众组织。其基本职责是通过平等协商和集体合同制度,协调劳动关系,维护职工合法权益。工会依照法律规定通过职工代表大会或者其他形式,组织职工参与本单位的民主决策、民主管理和民主监督。工会必须密切联系职工,听取和反映职工的意见和要求,关心职工的生活,帮助职工解决困难,全心全意为职工服务。

第一节　工会组织

一、工会组织的建立条件及方式

【规则要点】

　　工会的任务是维护职工的合法权益。工会的组织、运行也必须依法进行。为保障工会切实履行好维护工人合法权益的职责,法律对工会成员进行特殊保护。

【理解与适用】

　　工会法规定,企业、事业单位、机关有会员25人以上的,应当建立基层工会委员会;不足25人的,可以单独建立基层工会委员会,可以由2个以上单位的会员联合建立基层工会委员会,也可以选举组织员1人,组织会员开展活动。女职工人数较多的，可以建立工会女职工委员会，在同级工会领导下开展工作；女职工人数较少的，可以在工会委员会中设女职工委员。企业职工较多的乡镇、城市街道，可以建立基层工会的联合会。县级以上地方建立地方各级总工会。同一行业或者性质相近的几个行业，可以根据需要建立全国的或者地方的产业工会。全国建立统一的中华全国总工会。

工会各级组织按照民主集中制原则建立。各级工会委员会由会员大会或者会员代表大会民主选举产生。各级工会委员会向同级会员大会或者会员代表大会负责并报告工作，接受其监督。工会会员大会或者会员代表大会有权撤换或者罢免其所选举的代表或者工会委员会组成人员。上级工会组织领导下级工会组织。

基层工会、地方各级总工会、全国或者地方产业工会组织的建立，必须报上一级工会批准。上级工会可以派员帮助和指导企业职工组建工会，任何单位和个人不得阻挠。

职工200人以上的企业、事业单位的工会，可以设专职工会主席。工会专职工作人员的人数由工会与企业、事业单位协商确定。

二、工会委员会的任期及会议召开

基层工会委员会每届任期3年或者5年。各级地方总工会委员会和产业工会委员会每届任期5年。

基层工会委员会定期召开会员大会或者会员代表大会，讨论决定工会工作的重大问题。经基层工会委员会或者1/3以上的工会会员提议，可以临时召开会员大会或者会员代表大会。

三、对工会成员的保护

工会主席、副主席任期未满时，不得随意调动其工作。因工作需要调动时，应当征得本级工会委员会和上一级工会的同意。罢免工会主席、副主席必须召开会员大会或者会员代表大会讨论，非经会员大会全体会员或者会员代表大会全体代表过半数通过，不得罢免。

基层工会专职主席、副主席或者委员自任职之日起，其劳动合同期限自动延长，延长期限相当于其任职期间；非专职主席、副主席或者委员自任职之日起，其尚未履行的劳动合同期限短于任期的，劳动合同期限自动延长至任期期满。但是，任职期间个人严重过失或者达到法定退休年龄的除外。

【风险提示】

企业主要负责人的近亲属不得作为本企业基层工会委员会成员的人选。

【法条指引】

中华人民共和国工会法（节录）

第二条　工会是职工自愿结合的工人阶级的群众组织。

中华全国总工会及其各工会组织代表职工的利益，依法维护职工的合法权益。

第六条　维护职工合法权益是工会的基本职责。工会在维护全国人民总体利益的同时，代表和维护职工的合法权益。

工会通过平等协商和集体合同制度，协调劳动关系，维护企业职工劳动权益。

工会依照法律规定通过职工代表大会或者其他形式，组织职工参与本单位的民主决策、民主管理和民主监督。

工会必须密切联系职工，听取和反映职工的意见和要求，关心职工的生活，帮助职工解决困难，全心全意为职工服务。

第十七条　工会主席、副主席任期未满时，不得随意调动其工作。因工作需要调动时，应当征得本级工会委员会和上一级工会的同意。

罢免工会主席、副主席必须召开会员大会或者会员代表大会讨论，非经会员大会全体会员或者会员代表大会全体代表过半数通过，不得罢免。

第十八条　基层工会专职主席、副主席或者委员自任职之日起，其劳动合同期限自动延长，延长期限相当于其任职期间；非专职主席、副主席或者委员自任职之日起，其尚未履行的劳动合同期限短于任期的，劳动合同期限自动延长至任期期满。但是，任职期间个人严重过失或者达到法定退休年龄的除外。

第二节 工会的权利和义务

【规则要点】

工会法对工会的权利与义务作了具体明确规定,用人单位应当遵照工会的权利,依法保障工人合法权益。

【理解与适用】

一、工会的权利

根据工会法的规定,工会有以下权利:
1. 保障职工依法行使民主管理的权利

企业、事业单位违反职工代表大会制度和其他民主管理制度,工会有权要求纠正,保障职工依法行使民主管理的权利。

2. 企业、事业单位处分职工,工会认为不适当的,有权提出意见

3. 对违反安全生产的,有权提出建议

工会发现企业违章指挥、强令工人冒险作业,或者生产过程中发现明显重大事故隐患和职业危害,有权提出解决的建议,企业应当及时研究答复;发现危及职工生命安全的情况时,工会有权向企业建议组织职工撤离危险现场,企业必须及时作出处理决定。

4. 工会有权对企业、事业单位侵犯职工合法权益的问题进行调查,有关单位应当予以协助

5. 国家机关在组织起草或者修改直接涉及职工切身利益的法律、法规、规章时,应当听取工会意见

县级以上各级人民政府制定国民经济和社会发展计划,对涉及职工利益的重大问题,应当听取同级工会的意见。县级以上各级人民政府及其有关部门研究制定劳动就业、工资、劳动安全卫生、社会保险等涉及职工切身利益的政策、措施时,应当吸收同级工会参加研究,听取工会意见。

6. 对"三同时"进行监督

工会依照国家规定对新建、扩建企业和技术改造工程中的劳动条件和安全卫生设施与主体工程同时设计、同时施工、同时投产使用进行监督。对工会提出的意见，企业或者主管部门应当认真处理，并将处理结果书面通知工会。

7. 参加因工伤亡事故等问题的调查处理

职工因工伤亡事故和其他严重危害职工健康问题的调查处理，必须有工会参加。工会应当向有关部门提出处理意见，并有权要求追究直接负责的主管人员和有关责任人员的责任。对工会提出的意见，应当及时研究，给予答复。

二、工会的义务

工会法规定，工会须履行如下义务：

1. 帮助、指导职工与企业以及实行企业化管理的事业单位签订劳动合同

工会代表职工与企业以及实行企业化管理的事业单位进行平等协商，签订集体合同。集体合同草案应当提交职工代表大会或者全体职工讨论通过。工会签订集体合同，上级工会应当给予支持和帮助。企业违反集体合同，侵犯职工劳动权益的，工会可以依法要求企业承担责任；因履行集体合同发生争议，经协商解决不成的，工会可以向劳动争议仲裁机构提请仲裁，仲裁机构不予受理或者对仲裁裁决不服的，可以向人民法院提起诉讼。

2. 帮助和支持职工仲裁或起诉

职工认为企业侵犯其劳动权益而申请劳动争议仲裁或者向人民法院提起诉讼的，工会应当给予支持和帮助。

3. 代表职工交涉、处理侵犯职工劳动权益

企业、事业单位违反劳动法律、法规规定，有下列侵犯职工劳动权益情形，工会应当代表职工与企业、事业单位交涉，要求企业、事业单位采取措施予以改正；企业、事业单位应当予以研究处理，并向工会作出答复；企业、事业单位拒不改正的，工会可以请求当地人民政府依法作出处理：

（1）克扣职工工资的；

（2）不提供劳动安全卫生条件的；

（3）随意延长劳动时间的；

（4）侵犯女职工和未成年工特殊权益的；

（5）其他严重侵犯职工劳动权益的。

4. 向企事业单位或者有关方面反映职工的意见和要求并提出解决意见

企业、事业单位发生停工、怠工事件，工会应当代表职工同企业、事业单位或者有关方面协商，反映职工的意见和要求并提出解决意见。对于职工的合理要求，企业、事业单位应当予以解决。工会协助企业、事业单位做好工作，尽快恢复生产、工作秩序。

5. 参加企业的劳动争议调解工作

地方劳动争议仲裁组织应当有同级工会代表参加。

6. 县级以上各级总工会可以为所属工会和职工提供法律服务

7. 工会协助企业、事业单位、机关办好职工集体福利事业，做好工资、劳动安全卫生和社会保险工作

8. 根据政府委托，工会与有关部门共同做好劳动模范和先进生产（工作）者的评选、表彰、培养和管理工作

【风险提示】

工会工作人员违反相关规定，损害职工或者工会权益的，由同级工会或者上级工会责令改正，或者予以处分；情节严重的，依照《中国工会章程》予以罢免；造成损失的，应当承担赔偿责任；构成犯罪的，依法追究刑事责任。

【法条指引】

中华人民共和国工会法（节录）

第十九条　企业、事业单位违反职工代表大会制度和其他民主管理制度，工会有权要求纠正，保障职工依法行使民主管理的权利。

法律、法规规定应当提交职工大会或者职工代表大会审议、通过、决

定的事项，企业、事业单位应当依法办理。

第二十条　工会帮助、指导职工与企业以及实行企业化管理的事业单位签订劳动合同。

工会代表职工与企业以及实行企业化管理的事业单位进行平等协商，签订集体合同。集体合同草案应当提交职工代表大会或者全体职工讨论通过。

工会签订集体合同，上级工会应当给予支持和帮助。

企业违反集体合同，侵犯职工劳动权益的，工会可以依法要求企业承担责任；因履行集体合同发生争议，经协商解决不成的，工会可以向劳动争议仲裁机构提请仲裁，仲裁机构不予受理或者对仲裁裁决不服的，可以向人民法院提起诉讼。

第二十一条　企业、事业单位处分职工，工会认为不适当的，有权提出意见。

企业单方面解除职工劳动合同时，应当事先将理由通知工会，工会认为企业违反法律、法规和有关合同，要求重新研究处理时，企业应当研究工会的意见，并将处理结果书面通知工会。

职工认为企业侵犯其劳动权益而申请劳动争议仲裁或者向人民法院提起诉讼的，工会应当给予支持和帮助。

第二十三条　工会依照国家规定对新建、扩建企业和技术改造工程中的劳动条件和安全卫生设施与主体工程同时设计、同时施工、同时投产使用进行监督。对工会提出的意见，企业或者主管部门应当认真处理，并将处理结果书面通知工会。

第二十四条　工会发现企业违章指挥、强令工人冒险作业，或者生产过程中发现明显重大事故隐患和职业危害，有权提出解决的建议，企业应当及时研究答复；发现危及职工生命安全的情况时，工会有权向企业建议组织职工撤离危险现场，企业必须及时作出处理决定。

第二十五条　工会有权对企业、事业单位侵犯职工合法权益的问题进行调查，有关单位应当予以协助。

第二十六条　职工因工伤亡事故和其他严重危害职工健康问题的调查处理，必须有工会参加。工会应当向有关部门提出处理意见，并有权要求追究直接负责的主管人员和有关责任人员的责任。对工会提出的意见，应当及时研究，给予答复。

第二十七条 企业、事业单位发生停工、怠工事件，工会应当代表职工同企业、事业单位或者有关方面协商，反映职工的意见和要求并提出解决意见。对于职工的合理要求，企业、事业单位应当予以解决。工会协助企业、事业单位做好工作，尽快恢复生产、工作秩序。

第二十八条 工会参加企业的劳动争议调解工作。

地方劳动争议仲裁组织应当有同级工会代表参加。

第二十九条 县级以上各级总工会可以为所属工会和职工提供法律服务。

第三节　工会的经费和财产

【规则要点】

工会活动必须有一定的费用。为此法律对工会经费来源作了明确规定。

【理解与适用】

工会经费的来源主要有：

1. 工会会员缴纳的会费；

2. 建立工会组织的企业、事业单位、机关按每月全部职工工资总额的2%向工会拨缴的经费（拨缴的经费在税前列支）；

3. 工会所属的企业、事业单位上缴的收入；

4. 人民政府的补助；

5. 其他收入。

工会经费主要用于为职工服务和工会活动。经费使用的具体办法由中华全国总工会制定。

工会应当根据经费独立原则，建立预算、决算和经费审查监督制度。各级工会建立经费审查委员会。各级工会经费收支情况应当由同级工会经费审查委员会审查，并且定期向会员大会或者会员代表大会报告，接受监督。工会会员大会或者会员代表大会有权对经费使用情况提出意见。工会经费的使用应当依法接受国家的监督。

工会的财产、经费和国家拨给工会使用的不动产，任何组织和个人不得侵占、挪用和任意调拨。侵占工会经费和财产拒不返还的，工会可以向人民法院提起诉讼，要求返还，并赔偿损失。

【风险提示】

企业、事业单位无正当理由拖延或者拒不拨缴工会经费，基层工会或者上级工会可以向当地人民法院申请支付令；拒不执行支付令的，工会可以依法申请人民法院强制执行。

【法条指引】

中华人民共和国工会法（节录）

第四十二条　工会经费的来源：

（一）工会会员缴纳的会费；

（二）建立工会组织的企业、事业单位、机关按每月全部职工工资总额的百分之二向工会拨缴的经费；

（三）工会所属的企业、事业单位上缴的收入；

（四）人民政府的补助；

（五）其他收入。

前款第二项规定的企业、事业单位拨缴的经费在税前列支。

工会经费主要用于为职工服务和工会活动。经费使用的具体办法由中华全国总工会制定。

第四十四条　工会应当根据经费独立原则，建立预算、决算和经费审查监督制度。

各级工会建立经费审查委员会。

各级工会经费收支情况应当由同级工会经费审查委员会审查，并且定期向会员大会或者会员代表大会报告，接受监督。工会会员大会或者会员代表大会有权对经费使用情况提出意见。

工会经费的使用应当依法接受国家的监督。

第四十五条 各级人民政府和企业、事业单位、机关应当为工会办公和开展活动，提供必要的设施和活动场所等物质条件。

第四十六条 工会的财产、经费和国家拨给工会使用的不动产，任何组织和个人不得侵占、挪用和任意调拨。